JUNGBUB

www.youtube.com/jungbub2013

정법강의 + 노트

VOL. 5

정법강의 + 노트   VOL. 5

초판 1쇄 발행 2018년(後紀 6年) 10월 12일

말한이_眞政
엮은이_주식회사 정법시대
발행처_주식회사 정법시대
등록번호_제2018-000009호
Tel_(+82) 02. 2272. 1204
Fax_02. 2135. 1204
Homepage_www.jungbub.com
YouTube_www.youtube.com/jungbub2013
Vimeo_www.vimeo.com/jungbub2013
ISBN_979-11-963167-5-4
ISBN_979-11-963167-0-9(세트)

* 저작권자와의 협의에 의해 인지를 붙이지 않습니다.
* 저작권법에 의해 보호받는 저작물이므로 무단전재와 부단복제를 금지하며,
  이 책 내용의 전부 혹은 일부를 이용하려면 반드시 저작권자와 주식회사 정법시대의 서면 동의를 받아야 합니다.

© 주식회사 정법시대

JUNGBUB

www.youtube.com/jungbub2013

정법강의 + 노트

VOL. 5

CONTENTS

51-52강 OECD 회원국 중 최고 성장률을 기록했는데... 006

53강 억세게 운 좋은 자 vs 지지리도 재수 없는 자 017

54강 지나간 것은 놓고 즐겁게 살라 022

55강 기계문명의 발달로 생각이 퇴화되고 있는 것 같다 030

56강 IMF와 금모으기 운동 035

57-58강 지구 재앙이 왜 일어나는지 040

59강 악법도 꼭 지켜야 하나요? 049

60-62강 기업 총수 부인들의 내조와 사회참여는 어떻게 해야 하나요? 053

정법강의 JUNGBUB LECTURE

51-52
OECD 회원국 중 최고 성장률을 기록했는데...

Q. 2010년 우리나라 경제는 OECD 회원국 중 최고의 성장을 기록했고 많은 기업들도 사상 최대의 실적을 내었습니다. 그럼에도 불구하고 서민들이나 근로자들이 체감하는 경기는 너무나 어렵습니다. 일자리 걱정, 물가 걱정으로 하루하루가 힘들고 불안한데, 근로자들의 삶의 질 향상과 기업의 성장이 함께 가는 길은 없는지요?

강의일자: 2011. 12. 11.

이 사람에게 지금 엄청난 것을 물었습니다. 답은 있는데, 지금 그렇게 하지를 못하고 있다는 것입니다. 이것이 뭐냐 하면, 우리나라가 지금은 수출 대국이 되어 있지만 60년대에는 인류에서 최고 가난한 나라였습니다.

그 당시에는 먹을 것이 세상에 어느 정도 다 있었음에도 불구하고, 우리나라에는 먹을 것도 조달이 안 되었습니다. 그러나 지금은 최고 가난한 나라에서 수출 강대국이 되었습니다.

이 나라가 수출을 해서 수입은 그만큼 일어났는데, 왜 지금 국민들이 살기가 그렇게 어려운 것인가? 이 원리를 조금은 만져 보아야 합니다. 예를 하나 들어 풀어 보겠습니다.

집안을 일으키려고 하는데, 식구들이 좀 많습니다. 집안에 식구가 10명일 경우, 10명이 모두 돈을 벌면 더 빨리 일어나겠지요? 형제들이 많으니까 재주 있는 놈도 있어서 돈을 많이 벌어오는 것입니다. 이럴게 돈을 벌어오는데, 전부 다 자기 주머니를 차고 있으면 어떻게 될 것 같습니까? 조금 있으면 아주 희한한 일들이 벌어집니다. 돈을 벌어오면 아버지가 되었든, 맏형이 되었든, 알차게 다스리는 누군가에게 이 돈을 다 맡기고 타 써야 돈이 모입니다. 지금 이 나라의 돈이 그렇게 모여 있는 것입니다. 노동자들이 열심히 일을 해서 경제가 일어난 것이지, 지식인들이 일을 해서 경제를 올린 것이 아닙니다. 지식인은 노동자들이 열심히 일으킨 경제를 가지고, 그것을 쓰면서 이때까지 공부를 한 것입니다. 지식인들은 돈을 번 적이 없습니다. 일으켜 놓은 경제 안에 들어가서 설쳐 본 적은 있어도 경제를 일으킨 적이 없습니다.

지식인들이 경제를 일으키면, 이 세상에 어마어마한 일이 일어납니다. 그래서 지금 지식인들은 노동자들이 경제를 일으킨 것을 가지고 지식만 잘 갖추고 있으면 됩니다. 왜? 다 갖추고 나서 나중에 써야 되기 때문입니다.

아버지나 오너는 벌어온 경제를 다 모아야 합니다. 노동자들이 열심히 일을 해서 돈을 벌어오면 또 한 쪽에서는 경제를 모으고, 한 쪽에서는 지식을 갖추어 삼원 일치가 딱 맞아떨어집니다. 그러나 아직까지는 이 일이 끝나지 않는 상태로 체제 운영을 하고 있는 중입니다.

언제까지 이렇게 하는 것이냐? 지식인이 지식을 다 갖추어 깨우칠 때까지는 이 체제를 절대 무너뜨리면 안 됩니다. 그래서 오늘날 이 사회가 이렇게 되고 있는 것입니다. 지식인이 깨치지 못했다, 이 말입니다. 이 사람들이 무언가 패턴을 틀어주는 아이템이 나올 때까지는 이 체제를 무너뜨리면 안 된다는 것입니다. 이 체제를 무너뜨리면 지금 모아 놓은 돈을 자식들에게 자꾸 줍니다. 또 이 패턴이 없는 상태에서 노동자들에게 돈을 돌려주면 일할 사람이 하나도 없습니다. 괌에 놀러 가고 싶은데 돈이 없어서 못 갑니다. 그런데 돈이 생기면 일은 하지 않고 괌에 놀러 갑니다.

노동자는 손에 돈이 들어오면 단순해집니다. 왜? 운용 체제를 가지고 있지 않기 때문입니다. 그리고 노동자들은 지식인들처럼 지식을 못 가졌기 때문에 참을성도 없습니다.

지식을 갖게 되면 첫째 참을성이라는 것이 생깁니다. 내가 나를 다스리는 힘이 생깁니다. 그래서 자제할 줄 아는 것입니다. 노동자들이 그만한 지식이 없다는 것은 지적인 것을 못 갖추었기 때문에 자제력이 많이 없는 것입니다. 그래서 이 사람들에게 그냥 돈을 주어 버리면, "나도 제주도 갈래." 하고 금방 가 버립니다. 그럼 일은 누가 합니까? 이 나라가 아직까지 일하는 체질의 패턴을 틀지 못하고 2차적인 도약의 길에 못 올라온 상태에서 경제를 나누어 버리면, 이 나라는 절단나는 것입니다.

지금 이 책임이 어디에 있느냐? 지식인에게 있는 것입니다. 이것을 못 보고 있는 것입니다. 지금 지식인들이 다 성장하고 지식을 갖춘 상태에서 할 일을 못하고 있기 때문에 기존의 체제를 유지하고 있는 것입니다.

이 나라에 수입은 많은데 아직까지 지식인이 이것을 못 풀어주고 있으니까 지금 어떤 일이 생기느냐? 개인과 조직은 부자가 되는데 국가는 가난한 것입니다. 묘한 현상이 지금 일어나는데도 아직 정리를 못하고 있습니다.

개인이라는 것은 무엇을 이야기하느냐? 기업 오너들을 이야기하는 것입니다. 기업도 조직이지요? 조직에서 경제를 일으키는 것을 오너가 다 챙긴다는 말입니다. 오너들이 보수고 어른이기 때문에 우리 조직에서 일어나는 경제를 전부 다 챙기게 되어 있는 것입니다. 그런데 노동자들이 일을 하지 않으면 경제가 일어납니까? 경제가 일어나지 않습니다.

이 계산법을 아직까지는 아무도 못 풀고 있습니다. 지식인들이 깨는 날, 이 사람이 다 풀어 주겠습니다.

노동자들이 열심히 일을 해서 경제를 일으키면, 사장님들과 회장님들이 일정량의 경제를 싹 끌어모아 놓은 것이 오늘날의 경제입니다. 그 조직의 경제를 조직의 맏형들이 다 가지고 있다는 것입니다. 이 돈을 싹 모아야 경제가 모입니다. 그렇게 해서 이 나라가 엄청나게 부자인 것입니다.

이 경제를 누가 가지고 있습니까? 맏형들, 오너들이 다 가지고 있습니다. 몇 %의 보수保守들이 경제를 다 가지고 있다는 말입니다.

이분들이 이 나라에 있는 70%의 경제를 가지고 있습니다. 1%의 상류층이라 그러지요? 1%의 상류층, 보수들 집안에서 이것을 다 가지고 있습니다. 이 보수들은 경제를 일으킨 분들이 아닙니다. 국민이 일으키면 이분들이 끌어모아 온 것입니다. 그래서 지금도 수출을 하고 돈을 벌어오면 싹 걷

어버립니다.
이분들이 걷고 싶어서 그러는 것이 아니라 대자연의 작업입니다. 지금 희한하게 체제가 만들어져 있는데 이분들이 장난치는 것이 아닙니다. 이분들은 장난칠 만큼 계산이 빠른 사람들이 아닙니다. 오히려 계산은 지식인들이 빠릅니다. 그런데 묘하게도 이 나라에 그러한 체제를 만들어서 보수들에게 경제가 싹 들어가게 하는 것입니다. 수출해서 돈을 많이 버는 순간에 보수들은 부자가 되고, 국민들은 더 어려워집니다. 이것은 대자연의 운용법으로 하는 것입니다. 그래서 이분들에게 경제를 내놓으라고 아무리 고함을 질러도 안 나옵니다. 쉽게 내줄 것 같았으면 큰 일꾼이 아니게요? 이 숙제를 못 풀고 가면 국민들은 갈수록 더 어려워지고, 이분들은 돈이 더 쌓입니다. 돈을 더 안 갖고 싶은데도 자꾸 쌓이는 것입니다. 그렇다고 이분들은 이것을 확 풀 수가 없습니다. 하늘에서 조종하기 때문에 풀 수가 없는 것입니다.

이것을 풀 수 있는 열쇠는 딱 하나 있습니다. 지식인들이 깨쳐야 합니다. 지식을 갖춘 이 진보 지식인들이 깨쳐서 이분들이 할 일을 할 때, 이 돈이 쏟아집니다. 그래서 엄청난 일을 한다는 말입니다. 우리 집안에서 모은 돈을 가지고 뜻있고 보람있는 일을 하기 시작하면, 아우들이 좋아하겠습니까, 싫어하겠습니까?

우리가 열심히 일을 해서 모아 놓은 돈을 가지고 뜻있고 보람 있는 일을 찾아서 하기 시작하면, 우리 집안이 존경받고 멋지게 될 판이니 다 좋은 것입니다. 뜻있고 보람 있는 일을 하는 사람은 경제를 많이 써도 됩니다. 왜? 뜻있고 보람 있는 일을 하는 사람은 낭비력이 없습니다. 그래서 이제는 돈을 주어도 되는데, 고생에 찌들어서 고생 안 하려고 발버둥 치는 사람들에게 돈을 주면 사람을 버리게 됩니다.

뜻있고 보람 있는 일을 찾아 하는 것을 기뻐하는 사람들에게 돈을 주면, 이 사람들은 아무렇게나 돈을 쓰지 않습니다. 지금 하는 일이 뜻있고 보람 있어서 재미있는데, 돈이 있다고 백화점 가서 물건 살 생각이 있을 것 같아요? 그런 생각이 아예 들지 않습니다.

사람에게는 기본적인 시스템이 있습니다. DNA에 기본적으로 흐르는 피가 있다는 것입니다. 바른 일을 할 때는 많은 경제가 쓰이지 않습니다. 고급 연장을 쓰면서도 많은 경제가 필요 없다는 것입니다. 왜? 허영심이 없어지기 때문입니다. 정正이 꽉 차니까 허영이 없어진다, 이 말입니다. 이 사람은 흐트러지려고 해도 흐트러질 수가 없습니다. 우리 국민들이 정으로 돌아갈 때 낭비도 없어지고, 불평도 없어집니다.

지금 지식인들이 나와서 이것을 손질해야 하는 것입니다. 무식한 사람들이 어떻게 지적인 일을 하겠습니까? 지식인들이 나와서 바르게 설계할 때, 지적인 설계를 해내는 것입니다. 그런데 지금 이 사람들이 잠자고 있습니다. 왜? 지식만 꽉 찼지, 누가 따 주지 못해서 어떻게 써야 될지를 모르고 있기 때문입니다. 내가 누군지 모르니까 이것을 따지 못하고 있는 것입니다.

이분들이 선지식이 될 때, 이 나라는 희망이 넘칩니다. 그런데 이 나라에 선지식이 나와야 될 때가 되었는데 선지식이 안 나오고 있습니다. 지식을 다 갖추고 나서 깨달음을 가질 때 선지식이 되는 것이지, 무식한 사람은 죽어도 선지식이 되지 못합니다.
천년만년 하늘에 빌고 있어도 선지식이 될 수 없는 자가 무식한 사람입니다. 그런데 지식을 다 갖춘 사람은 탁 깨닫는 순간에 선지식인이 됩니다. 이럴 때 하늘의 힘을 받습니다. 지혜가 열린다는 말입니다. '딱 깨닫는 순간에 지혜가 열린다'는 것이 바로 이것을 이야기하는 것입니다. 노력 없이 깨닫고 지혜가 열리는 법은 없습니다.
이제 이런 것들을 지식인들이 바르게 풀어가야 될 때입니다. 지식을 다 갖추기 위해서는 그만큼 어릴 적부터 다지고 노력해야 되는 것입니다. 이 노력을 바르게 한 자들이 지식을 다 채우고 나서 내가 누군지를 깨달았을 때, 그 순간 모든 에너지가 바뀌는 것입니다. 생각이 바뀌고, 세상을 보는 시야가 달라진다는 말입니다. 이때 지혜를 여는 것입니다.

나라가 이렇게 수출도 잘되고 경제가 좋아졌다고 하는데, 우리 국민들은 사는 것이 자꾸 어렵다고 합니다. 나라가 이만큼 잘 사는데 국민들이 어렵다고 하면 안 될 텐데 이상하지 않습니까? 지금 이런 체제로 흘러가기 때문입니다. 그러니까 아직까지는 돈을 풀 수가 없습니다. 그래서 정부에 돈이 많이 안 들어가는 것입니다. 기업인들이 돈을 가지고 있으면 돈을 풀지 않는데, 이 돈이 정부에 들어가 버리면 나라가 힘들 때마다 돈을 풀어 버립니다.
정부는 살기가 어렵다고 하면 쌀을 주는데 기업은 못 산다고 해도 쌀을 주지 않습니다. 참 묘한 것입니다. 우리가 종교계에 쌀을 많이 갖다 주었지요? 그러면 우리가 못 살 때는 좀 주어야 될 것 아닙니까? 경주 최 부자도 못 살 때는 쌀 뒤주를 열어서 주는데 종교계는 안 줍니다. 종교에도 돈이 들어가면 안 나오고 기업에도 돈이 들어가면 안 나옵니다. 그러나 정부에는 돈을 많이 주면, 우리 국민들이 좀 어려울 때마다 내주어야 합니다. 자꾸 쌀도 풀어 주어야 되고 병이 온다 하면 백신으로 예방주사도 놓아 주어야 된다고 자꾸 돈을 풉니다. 그런데 기업은 전염병이 와도 주사약 하나 안 풀어 줍니다. 묘한 것입니다.

이것을 우리가 잣대를 잘못 대면, 있는 사람이 더 무섭다고 하는데 그 돈은 여러분 들 것입니다. 이것은 함부로 없애면 안 되는 돈입니다. 그리고 이분들은 하늘의 일꾼들입니다. 유사시에 쓸 것을 모아서 비축해 놓은 것이니 흐트러뜨리면 안 됩니다.

이제는 시간이 다 되어 이 사람이 이것을 다 풀어 줄 테니까, 너무 걱정하지 마십시오. 우리 국민들이 지식인을 키운다고 얼마나 애를 먹었어요? 부모님들은 내 자식을 지식인으로 만들려고 혼신을 다 바쳤습니다. 그렇게 우리 국민들이 모두 혼신을 다 해 일해서 이 세상에 남긴 것이 지식인과 경제입니다.

이제는 지식인들이 나와서 이 경제를 쓸 수 있는 바탕을 이루어 내야 됩니다. 이 설계를 해내라고 지금 기업마다 CEO를 쓰는데, 이 CEO들이 무엇을 해야 될지를 모르고 있습니다. 그러니 공장장을 하고 있습니다. 고급 인력의 CEO들이 공장장이 하는 일을 하고 리베이트만 찾고 있습니다. 지배인을 하겠다고 드는 것입니다. 이만큼 키워 놓은 기업을 잘 끌고 가면 지배인밖에 안 됩니다. 모여 있는 이 큰 힘을 빛나게 써서 이분들이 아주 즐겁고 기쁘고 행복하게끔 뭔가 할 일을 찾아내야 되는데, 지배인을 하니까 이것을 못 찾는 것입니다.

이제 즐겁고 기쁘고 행복할 수 있는 일만 찾아내면, 이 나라는 완성됩니다. 즐거운 사람이 어려워요? 즐거워지면 어려움이 자동으로 해소됩니다. 그렇게 되게끔 경제가 돌아갑니다. 그러면 기쁜 사람이 어려워요? 행복한 사람은 더 어렵지 않습니다. 2013년부터 이 나라가 이런 일을 일으켜야 됩니다. 우리는 물건을 많이 팔아서 돈 벌어 먹고사는 지금의 체제에서 탈피하는 설계를 해야 합니다. 이때, 한 번에 다 바꾸는 것이 아니라 30%씩 바꾸어가야 합니다. 30%는 새로운 체제로의 탈피를 준비해야 합니다. 그렇게 해서 30%가 완성되면 또 30%를 바꾸어가고... 지식인들이 힘을 모아 작업하면, 이런 식으로 바꾸는 것은 얼마 걸리지 않습니다.

우리 국민들이 얼마나 고생을 많이 했습니까? 2차 대전 이후로 이렇게 고생을 해 본 적이 없습니다. 열심히 일하고 고생했습니다. 그러면 이제 낙이 와야 합니다. 낙이 뭐예요? 즐거움입니다. 고생한 뒤에는 낙이 오는 것이 정확한 코스를 밟는 것입니다. 그런데 노동자들이 고생을 실컷 했는데, 지금 낙이 안 오는 것입니다. 오히려 사회가 2차적인 운용을 못한 것이 누적되어 압박을 받고 있습니다. 고생한 데에다 더 누르면 악惡이 나옵니다. 이러면 사회가 붕괴됩니다. 노동자는 단순하기 때문에 고생을 다 했는데 또 누르면, 나중에 이것이 터져서 사회 전복이 일어납니다.

그러니까 이제는 노동자들에게 고생 끝에 낙이 오는 즐거움을 만들어 주어야 합니다. 낙은 놀면서 오는 것이 아닙니다.

돈을 많이 준다고 낙이 오는 것이 아니라 보람 있는 일을 해야 즐거움이 옵니다. 고생을 하고 있는데 즐거운 일은 절대 오지 않습니다. 고생하면서 쎄가 빠지게 일하는데 즐거워요? 이것은 있을 수가 없는 것입니다. 앞으로는 우리 국민들이 보람 있는 일을 할 때가 옵니다.

고생을 해서 이 나라에 이만큼 힘의 바탕을 만들어 놓았다면, 이 힘을 이제는 바르게 쓰면서 보람 있는 일을 할 때가 도래하는 것입니다. 이러면 국민들이 즐거워지고 이때를 2차 도약기라고 하는 것입니다. 보람 있는 일을 하게 되면 들어오는 경제는 엄청나게 달라집니다.

예를 조금 더 들자면, 보람 있는 일을 하면 우리는 노동을 하는 것이 아니라 누군가를 가르치는 일을 하는 것입니다. 내가 배운 것을 갖고 남을 가르치면 보람이 있습니다. 내가 지금 노동을 배웠잖아요? 노동으로 잔뼈가 굵어서 갖춘 재주가 많습니다. 내 분야는 내가 어깨에 힘 줄 만큼 큰 것입니다. 그것이 우리 노동자들입니다. 나는 이때까지 성장을 해왔고 성장을 다 했다면 많은 노하우를 알고 있으므로 그 노하우로 누구를 가르쳐야 보람이 있는 것입니다. 지식인들이 지식을 갖출 때 힘이 들었듯이, 노동자들도 이때까지 이것을 갖춘다고 고생한 것입니다. 그러니까 내가 갖춘 것을 누구에게 가르칠 수 있고 이끌어 줄 수 있다면, 이때 보람 있는 일이 되는 것입니다. 가르치면 윗사람이 됩니다. 아랫사람을 가르칠 때는 윗사람이 되는 것이고, 윗사람의 자리에 가면 아랫사람에게 함부로 행동하는 망나니 짓을 하지 않습니다.

그리고 우리 노동자들이 이때까지 어떤 것을 갖추고 배웠는가 하면, 60년대, 70년대, 80년대를 경유해 오며 배운 것입니다.

그러면 이때까지 배운 것을 누구에게 가르치면 되겠습니까? 지금 자라나는 우리 자손들에게 가르치면 되겠습니까? 그런데 우리 자손들은 전부 다 고등교육 이상을 받아서 일반적인 지식인으로 평준화가 되어 있습니다. 누구든지 고등교육을 받는 세상입니다. 그러나 지금 우리 노동자들이 배운 것은 고등교육을 안 받았을 때 배운 것입니다. 그렇다면 지식을 다 갖춘 우리 아이들에게 이것을 가르쳐 주면 써먹을 수 있는 것이냐? 이 안에서는 가르쳐 줄 것이 없습니다. 노동자들이 갖춘 것을 이 나라 안에서는 배울 자가 아무도 없다는 이야기입니다. 그러면 어디로 갑니까? 밖으로 나가면 가르칠 수 있습니다. 그 숫자도 딱 맞추어서 기다리고 있는데 지혜를 못 열어서 세상을 못 보고 있습니다. 우리는 지금 우물 안만 이야기하고 있는데 우물 밖을 쳐다보라는 이야기입니다.

지금은 글로벌 시대라고 말을 합니다. 인류는 둘이 아니고 하나라는 이야기입니다. 인류는 하나라고 하면서 왜 우리는 우리 국민들만 가르치려고 듭니까? 왜 인류를 내 국민으로 생각하지 못합니까? 그리고 적재적소에 이 기술은 어디에 필요하며, 또 어떻게 나가서 일을 해야 하는지를 생각하지 못하고 안에서 오골오골거리고 있습니다. 세계로 나가서 가르치면, 그곳에서 일어나는 경제는 대한민국으로 다 들어오게 되어 있습니다.

세계가 내 무대가 되어야지, 어떻게 이 안에서 쇠 하나 깎아서 팔아먹을 생각을 아직까지 가지고 있느냐, 이 말입니다. 세상은 넓습니다. 넓은 세상을 향해 뛰기 위해서 우리는 이때까지 지식을 갖추었습니다. 이 나라 안에서는 가르칠 사람이 없습니다. 그러니까 지금 근로자들이 전부 갖춘 것을 가지고 뭐하고 있습니까? 명태 한 마리 받아서 소주 먹으러 뒷방에 들어가 있으려니까 마누라가 들고 찹니다. 명태 냄새나니까 집안에 풍기지 말고 나가서 놀라고 합니다. 그래서 지금 오갈 데가 없는 것입니다.

세상에 필요하도록 자신을 갖추어 놓지 않았다는 것을 지식인들이 눈을 떠야 합니다. 우리 국민들이 이때까지 고생한 이유가 있고, 그 안에 무엇이 있느냐를 잘 살펴보아야 합니다. 이들은 인류에 필요한 것을 갖추어 놓은 것인데, 이것을 쓸 줄 모른다면, 지혜를 연 사람이라고 할 수 없는 것입니다.

이 노동자들이 갖추어 놓은 콘텐츠는 엄청난 에너지입니다. 이것이 인류에 빛을 낼 때 이 나라는 스스로 존경받게 됩니다. 그래서 우리가 그동안 연습 게임을 한 것입니다. 과거 근로자들이 중동에 가서 일도 해 보고, 오만 데에 나가서 일했던 것이 하나의 경험이었습니다. 그때는 그렇게 돈이 필요하게끔 만들어서 외국으로 나가게 만들었습니다. 그것도 교육의 일환이었습니다. 이제는 이 사람들이 필요한 적재적소에 일을 해서 보람 있게 살아내야만 인생을 마무리하는 것입니다.

우리 지식인들이 1차적으로 이 노동자들을 즐겁게 해 주지 못한다면, 이 나라는 두 번 다시 도약할 길이 없습니다. 일단 노동자들이 즐거워야 하고 노동자들이 즐거운 일이 생기면 이 나라는 꽃이 핍니다. 노동자들에게 즐거운 일이 만들어지면 경제인들은 행복해 죽습니다. 그러면 지식인들은 기뻐 죽습니다.

노동자들이 즐거워지면 지식인들은 기쁘겠습니까, 안 기쁘겠습니까? 지식인들은 노동자들이 즐겁게 살면 최고 기쁩니다. 노동자들은 즐겁고 지식인들이 기쁘면 보수들은 행복하겠습니까, 안 행복하겠습니까? 부모님들은 어떻겠습니까?

우리는 지금부터 이 일을 추진해야 합니다. 그러면 빠른 시간에 이 나라는 회복되고, 언제든지 세계에서 최고 살기 좋은 나라가 됩니다. 이것을 추진해서 들어가기 시작하면, 7년 만에 이 나라는 실업자가 단 한 명도 없어집니다.

어떤 나라도 이런 나라는 없습니다. 실업자가 없는 나라는 이 나라부터 1호가 되는 것입니다. 이 나라 국민이 어떤 국민인데 지금 놀 시간이 있다는 말입니까? 일이 없다고 하는데, 일거리를 못 찾아서 일이 없는 것이지 일거리가 왜 없습니까? 우리 민족은 놀 시간이 없습니다. 이만큼 노력을 하고 갖춘 사람들이 놀면 세계가 큰 손실을 입습니다. 우리 국민들은 한 사람, 한 사람이 국제사회에 소중한 사람들입니다. 그런데 지금 눈을 못 뜨고 있는 것입니다.

이제 우리 기업인들은 엄청난 도약을 해야 합니다. 숙련공인 이 노동자들을 바르게 쓰면 엄청난 도약을 할 것인데 왜 폐기 처분을 하려고 합니까? 왜 인류에 있는 오만 기술 씨앗이 다 들어와서 우리에게 지금 주어진 것인지 이 숙제를 풀어야 합니다. 인류가 울었습니다. 이 사람들이 다 갖출 때까지 인류는 지금까지 기다리고 있었던 것입니다. 그래서 우리는 빨리 일어나고, 저들은 가만히 있는 것입니다.

세상이 돌아가는 원리를 모르다 보니까 우리 국민이 얼마나 중요한 사람들인지도 모르고 있습니다. 조금 이해가 돼요?

MY JUNGBUB NOTE

MONTH 1 2 3 4 5 6 7 8 9 10 11 12
DAY 1 2 3 4 5 6 7 8 9 10 11 12 13 14 15 16 17 18 19 20 21 22 23 24 25 26 27 28 29 30 31

—————————————— 지금 나의 환경 ——————————————

—————————————— 나의 정법 명언 ——————————————

—————————————— 느낌 + 생각 ——————————————

정법강의 51-52강 OECD 회원국 중 최고 성장률을 기록했는데...

53
억세게 운 좋은 자 vs 지지리도 재수 없는 자

Q. 최근에 어떤 책을 하나 읽다 보니까 세상에서 제일 재수 없는 사람이 살아 있을 때 벼락을 4번 맞았고 죽어서도 또 1번을 맞아서 5번을 맞았다고 합니다. 그리고 또 제일 재수 좋은 사람이 로또 복권을 5번을 맞았다고 하고 1등으로 수백 억을 딴 사람이 다 망했다는 이야기도 있습니다. 그런 악운과 행운은 대자연의 어떠한 법칙에 의해서 작용을 하는 것인지, 아니면 그냥 어떤 인간의 행동에 의해서 작용을 하는 것인지, 특별한 그런 기운이나 힘이 있는 것인지 말씀해 주십시오.

강의일자: 2011. 02. 22.

있습니다. 차 사고 나는 사람은 계속 차 사고가 나고 안 나는 사람은 안 납니다. 그리고 병원에 가는 사람은 이제부터 계속 병원으로 가야 합니다. 단골이 되는 것입니다. 벼락을 맞아 죽어 버리면 괜찮은데, 벼락을 맞고도 안 죽었으면 또 맞아야 합니다.
퀴즈를 잘해서 상을 탄 사람 있죠? 이 사람은 다음에 퀴즈를 해서 또 상을 탑니다. 그런데 어떤 사람은 아무리 똑똑해도 상을 죽어도 못 탑니다. 그리고 복권이 잘 맞는 사람은 늘 복권을 맞습니다. 여기서 이 사람이 한번 물어보겠습니다. 복권 10번 맞아서 잘 사는 놈 있습니까? 그런 사람이 있다면, 한 놈만 데리고 와 보세요.
(복권을 맞은 사람의 거의 90%는 거지가 됩니다.)
90%가 아니라 아직 거지가 안 된 사람도 곧 거지가 될 것입니다. 절대로 잘살게 되어 있지 않습니다.

이게 무엇이냐? 공부를 시키는 방법이 병원에서 해야 될 사람이 있고, 사기를 당하면서 해야 될 사람이 있고, 대자연의 에너지에서 해야 될 사람이 있습니다.

그리고 암과 같이 생명을 오가게 하는 병으로 공부를 시켜야 될 집안 줄이 있고, 영혼과 차원세계를 접하면서 공부를 해야 될 줄이 있습니다. 또 절이라든지 교회라든지 도파에서 공부를 해야 될 사람도 있고, 시장 바닥에서 고구마를 팔면서 공부를 해야 될 사람도 있습니다.

인간이 살아나가는 데는 누구든지 수행을 시킨다는 사실입니다. 그런데 지금 수행시키는 것이 무엇인지 모르고들 있습니다. 현장에서 수행시키고 있는데 여기서 헤매고 있으면 어렵게 만들어서 산 속에 잡아넣는다든지, 절간으로 보낸다든지, 기도처로 보내는 일이 생기는 것입니다. 그런데도 계속 헤매고 있다면 병원에다 눕혀버립니다. 아픈 놈은 무조건 공부해야 합니다. 거기서 공부하라고 아프게 하는 것입니다.

예를 들어, 차에 치여 병원에 눕게 되면 무엇을 하겠습니까? 공부밖에 할 것이 없습니다. 그런데 공부를 어떻게 해야 되는 것인지 기초를 모르다 보니까 시간만 보내고 나오는 것입니다.

그리고 아픈 사람에게 문병을 가는 사람도 공부를 해야 합니다. 만일에 공부를 하지 않고 "아이고, 빨리 일어나라." 하면서 그냥 갔다 오면 또 다른 곳으로도 몇 번을 그렇게 문병가는 공부를 하게 됩니다. 문병은 가는 놈이 가지, 안 가는 사람은 안 갑니다. 이렇게 왔다 갔다 하면 공부가 크게 걸린 것입니다. 병원에 자꾸 가는 사람은 그 공부가 걸린 것인데, 공부를 안 하면 자신이 병원에 눕게 됩니다. 문상을 가는 사람도 마찬가지입니다.

그리고 봉사활동 다니는 사람도 마찬가지입니다. 그곳을 다니는 것은 너를 공부시키고 있는 것인데, 남을 도우러 간다고 착각을 하고 있는 것입니다. 돈이 좀 있다고 도왔다는 생각을 하는데, 몸이 성한 사람이 어려운 사람에게 가려면 물질을 조금 들고 가거나 직접 닦아 주거나 안아 주어야만 갈 수 있는 자격을 갖게 됩니다.

그리고 지금 봉사활동을 간다는 것은 가족 중에 누가 어려움에 처해서 남의 도움이 필요한 수급자가 되든지 아니면 네가 직접 수급자가 되는 줄이 가까이 왔다는 것입니다. 그렇기 때문에 그 공부를 시키고 있는 것입니다.

수급자 공부가 멀리 있으면 책을 본다든지 누구에게 이야기만 듣게 됩니다. 그런데 어려운 사람에게 직접 간다는 것은 그런 일이 곧 닥쳐올 것이니까 현장 학습을 가는 것입니다.

이런 것을 모르고 그냥 돕는다는 생각으로 봉사를 많이 다니다 보면 자기가 모가지 졸라 죽을 일이 생기는 것입니다. 요즘 연예인들의 자살이 많지요? 그들에 대해서 이야기하는 것을 들어보면 전부 다 봉사활동을 다니면서 착한 일을 했다고 하는데, 착한 일을 많이 한 사람이 죽으면 되나요?

왜 그런 것이냐? 그런 곳에 가서 깨우칠 수 있는 조건을 주었는데도, 공부는 안 하고 남을 도왔다고 히히덕거리니까 조금 있으면 네가 죽어야 되는 것입니다. 우리는 지금 뭔가 엄청난 것을 분별하지 못하고 있습니다.

우리 국민의 수는 2차 대전 이후로 지금까지 딱 배가 불었는데 복지수급자는 몇십 배, 몇백 배가 불었습니다. 이것은 줄어 들어 본 적이 없습니다. 3차원은 주파수가 오르락내리락(/\/\/\)하는 모양으로 흐릅니다. 그런데 비틀어져 나가면 오르락내리락 하지 않고 무조건 위로만 올라갑니다.

국민은 딱 배가 불었는데 어떻게 복지수급자는 수십 배가 불어납니까? 이것은 우리가 잘못하고 있었기 때문에 더 큰 비용을 들여가면서 공부를 해야 된다는 사실입니다. 그래서 우리가 열심히 일해서 창출하는 에너지 중에서 복지수급자에게 들어가는 에너지가 더 많은 부분을 차지하게 되는 것입니다.

앞으로 이대로 가면, 아무리 벌어 넣어도 모자랍니다. 안 그러면 눈 감고 아웅해야 하는 꼴이 납니다. 이것을 정리하면 그 비용이 들지 않을 뿐만 아니라 우리도 그런 일을 당하지 않게 되어 복지수급자가 줄어들기 시작합니다.

깨우치라고 자꾸 이런 일이 생기는데, 공부는 하지 않고 자꾸 더 돕자고 하면 수급자가 더 생기는 꼴이 되는 것입니다.

이런 것들을 이제는 연구해야 합니다. 지식 사회에서는 이때까지 보고 살아온 모순들을 통해서 세상에 풀지 못하는 답을 꺼내야 되는 것이 지식을 갖춘 사람들의 역할입니다. 그런데 이런 일들은 하지 않고 남이 어떻게 하니까 우리도 그런 것을 하자고 한다면, 우리도 또 교과서가 되어야 하는 것입니다.

우리에게 다가오는 것은 모두 자신의 공부입니다. 벼락을 맞은 사람이 살았다면 그것으로 공부를 해야 하고, 사기를 당했다면 지금 공부하라고 사기를 치는 사자使者를 보낸 것입니다. 그 사람을 원망하라고 보낸 것이 아니라는 사실입니다.

사기는 처음부터 크게 당하지 않습니다. 작은 것부터 당하기 시작하는데, 그것을 원망하고 있으면 시간이 지난 후에 더 큰 사기를 당해야 되는 것입니다. 사기는 당한 놈이 자꾸 당하는 것이지 처음부터 크게 당하는 법은 없습니다. 원망을 하면 또 당해야 됩니다. 그런데 또 원망을 했다? 또 당해야 됩니다. 나는 죽어도 안 당한다고 생각한다면, 조금 있어 보면 분명히 또 당합니다.

요즘 주위 친구들에게 사기를 당했다는 소리를 직접적으로 자꾸 듣게 된다면, 내가 사기 당할 때가 다가온다는 소리입니다. 지금 그것을 듣고 있다면, 남의 일로 보지 마십시오. 나에게 들리고, 보이는 것은 내 것입니다.

이런 것을 쓸어 마시면서 '지금 나에게도 이런 것이 온다는 말인가?' 하면서 조금만 깊이 생각을 하고 들어가면, 이 공부를 했기 때문에 나에게는 그런 것이 오지 않는 것입니다. 그런데 이런 것을 놓치고 간다면 너도 정확하게 당하면서 누군가에게 그 소리를 하게 된다는 것입니다. 그래서 누가 암이 걸렸다, 누가 요새 풍으로 자빠졌다는 소리가 많이 들린다는 것은 나에게도 지금 오고 있기 때문에 들리고 보이는 것입니다.

나에게 올 일이 아니라면 내 눈과 내 귀에는 안 들리게 되어 있습니다. 그쪽 주파수를 놓고 그런 환경에 가지도 않을 것입니다. 나는 잘나가니까 텔레비전에서 떠들어도 시간이 없어서 그것을 못 봅니다. 그런데 텔레비전을 보면서 "나쁜 놈의 새끼들, 이러면 안 되는데…" 하면서 이런 것을 많이 보는 사람은 너도 그 일을 당할 때가 다가온다는 것입니다. 안 당하려면 안 보는 것이 최고인데 안 볼 수가 없는 것입니다. 이런 것들이 대자연에서 우리에게 다가오는 질서이며, 대자연은 0.1mm도 틀리게 운용하지 않습니다. 正

MY JUNGBUB NOTE

MONTH 1 2 3 4 5 6 7 8 9 10 11 12
DAY 1 2 3 4 5 6 7 8 9 10 11 12 13 14 15 16 17 18 19 20 21 22 23 24 25 26 27 28 29 30 31

―――――――――――――― 지금 나의 환경 ――――――――――――――

―――――――――――――― 나의 정법 명언 ――――――――――――――

―――――――――――――― 느낌 + 생각 ――――――――――――――

정법강의 53강 억세게 운 좋은 자 vs 지지리도 재수 없는 자

정법강의 JUNGBUB LECTURE

54
지나간 것은 놓고
즐겁게 살라

강의일자: 2011. 05. 08.

우리가 초등학교 다닐 때는 초등학교 국어책으로 배우지요. 초등학교를 끝내고 나서 국어책 본 사람? 안 봅니다. 초등학교 때 국어책을 보고 배웠다고 해서 지금 사회인이 되었는데 다시 국어책 대로 살자고 하면 안 되는 것입니다.

지나간 것은 놓아야 합니다. 그것은 우리가 지식을 갖추는데 필요했던 것이고, 모르는 것을 알게 하기 위해서 잠깐 잡았던 것이기 때문에 흡수하고 나면 놓아야 합니다.

우리가 신에게 매달렸던 것도 모자란 것을 어느 정도 갖추고 채우기 위해서 매달렸던 것입니다. 뭐든지 모자라니까 갖추기 위해서 어디 매달리기도 하고 수련도 했지만, 어느 정도 다 갖추고 나면 놓아야 합니다. 그래야만 우리 본연의 삶으로 돌아갈 수 있습니다.

우리는 바르게 잘 살려고 배우고자 하고 만져본 것이지, 그런 것의 노예가 되려고 시작했던 것이 아닙니다. 모를 때는 더 배울 때까지 신에게도 매달렸고 그런 것을 만지고 있었던 것이지, 다 크고 나면 신이라는 존재를 알면 됩니다. 부모가 손잡고 끌어 주니까 계속 끌어 달라고 하면 안 되는 것입니다.

우리가 다 크고 나면 부모를 위할 줄도 알아야 합니다. 부모를 위하는 것은 계속 매달리는 것이 아닙니다. 우리가 컸으니까 우리 할 일을 할 때 그때 부모를 위하는 것이 됩니다. 신도 마찬가지입니다. 우리가 신에게 얻은 것이 있다면, 우리 할 일을 바르게 할 때 신에게 은혜를 갚는 것이 됩니다.

그러니까 아직까지도 매달린다고 하면 신은 한 일이 없는 것입니다. 이제 우리 삶을 살아야 합니다. 그럴 때 신을 위하는 것입니다.

앞으로는 조직 생활, 종교, 무슨 집단 이런 습관에서 벗어나서 우리가 무엇을 할 것인가를 생각해야 합니다. 신에게 절을 하지 않아도 되고, 어디에 매달리지 않아도 되고 신을 찾지 않는다고 신이 화낸 적이 없습니다. 신은 절대로 자신을 안 찾아 준다고 화내지를 않습니다.

잡신은 찾아 주기를 원하지만 천신天神은 그런 것을 원하지 않고 우리가 삶을 바르게 살기를 원합니다. 이런 것들을 이제 바르게 상기해야 합니다.

천신은 절대로 찾아 주고 매달리고 받들라고 하지를 않는다, 이 말입니다. 우리들 삶을 돕기 위해서 있는 것이 천신입니다. 그래서 우리가 바르게 사는 것이 천신을 위하는 것이고 하느님을 위하는 것입니다.

우리는 하느님을 바르게 알아야 합니다. 우리 민족이 찾고 있는 이 하느님은 종교적으로 찾던 하느님이 아닙니다. 이 민족은 원래 하늘을 숭배하던 민족이었습니다. 그래서 하늘님, 한울님, 한을님 등 여러 가지로 불러왔고, 최고의 신이라고 하면 하느님이라고 부르는 것입니다.

그런데 기독교가 들어오면서 유일신을 말하는데 우리 민족의 누군가가 기독교의 유일신을 '하느님'으로 쓰면서 하느님이 되었던 것입니다. 그러면서 "하느님, 하느님!" 하니까 우리 민족이 교회로 모이게 되었던 것입니다. 하지만 이제는 하느님을 바르게 알아야 됩니다.

하느님은 이 민족의 하느님입니다. 서양에서는 '하느님'이라고 하면 모릅니다. 서양에는 '갓God'이라고 부르지 하느님이라고는 부르지 않습니다. 하느님은 이 민족만

부르는 소리입니다. 그러니까 앞으로 신을 하느님으로 통일해야 합니다.

하느님은 누구냐? 하느님은 천지 대자연의 기운으로, 스스로 있는 대자연의 에너지입니다. 그리고 우리는 대자연 에너지 안에 있는 소 에너지로, 하나의 세포들입니다. 우리가 이 대우주를 운용하는 주체입니다. '천지기운은 가만히 계시사 인人이 동한다' 즉, 인간이 운용을 해서 돌아간다, 이 말입니다. 그러니까 이제 어떤 신에 끄달리지 말고 신을 바르게 알아야 합니다.

신은 조상신이 있고, 천신이 있고, 대신代神이 있습니다. 우리를 집착에서 놓지 못하는 조상들이 조상신이 되는 것입니다. 쉽게 이야기하면 여러분들이 자식을 위해서 열심히 살고 가면 조상신이 됩니다. 그런데 자식들을 위해서 열심히 살다가 공부를 하고 깨우쳐서 공적으로 살기 시작하면 사신私神이 안 되고 공신公神이 됩니다. 조상신은 사신인데, 공적으로 살면 공신이 되는 것입니다.
공신을 따지면 터주 대신이 있고 당산 대신이 있고 산신도 있습니다. 이런 대신들이 된다는 것입니다. 천신이 하는 일을 대역하는 대신들은 오만 대신이 다 있습니다. 나라 대신도 있고 여러 가지 차원세계에서도 하는 일에 따라 많은 대신이 있습니다.

우리가 공적으로 살고 가면 공신이 되어 대신들이 되는 것입니다. 우리 자손들을 위하고 형제를 위하고 가족을 위해서 내가 집착을 가지고 살다 가면, 정확하게 가족들을 위하는 조상신이 됩니다.
그런데 가족들도 위하지 않고 나 잘났다고 사는 사람이 육신을 다 쓰고 분리가 되면, 그 영혼 신은 자기밖에 모르고 살았기 때문에 떠돌이 귀신이 됩니다. 그리고 결혼도 못 하고 애인을 집착하다가 죽어버렸다면 몽달이 귀신이 되는 것입니다. 그런 것을 원앙이라고 합니다. 내가 죽기 직전까지 그 사람을 사랑하다가 죽어서 부모도 안중에 없는 것입니다. 그러면 그 집착 때문에 가족 대신이 되지 않고 원앙신이 되는 것입니다. 사랑에 빠지면 그렇게 됩니다.

우리가 살아서 마지막에 무엇을 하느냐? 여기에 따라서 육신이 분리되면 거기에서 정지가 됩니다. '내가 마지막에 무엇을 하고 사느냐?' 이것이 그만큼 중요한 것입니다. 중간에는 어떻게 살아도 괜찮습니다.

건달로 살든, 깡패로 살든, 도둑놈으로 살든, 사기꾼으로 살든, 남을 도우면서 살든, 어떻게 살아도 괜찮습니다. 이것은 우리가 커 나오는 방편이고 과정이기 때문입니다. 아무리 깡패 짓을 하다가 살아도 어느 정도 내가 성장을 해서 이것을 깨우치고 이제부터 바른 길로 간다면 그 사람은 그 과정에서 너를 갖추어 온 것입니다. 그래서 뜻있는 삶을 산다면 마지막에 너의 인생은 뜻있는 삶으로 끝나는 것입니다. 이것은 뜻있는 삶을 살고 간 상태로 차원세계에서 네가 해야 될 일을 점지해 주게 됩니다. 이것은 굉장히 중요합니다.

우리가 살면서 마지막에 허리가 아파 병원에서 치료하다가 죽어 버렸다면, 육신을 분리하고 차원세계에 가서도 허리가 아파 오글오글하게 됩니다. 허리가 아파서 치료하려고 하는 영혼들이 차원에서 전부 다 오글거리고 있다는 것입니다.
그래서 자손에게 올 때 허리 아파서 오면 그 자손은 괜히 허리가 아픈 것입니다. 자고 일어나니까 허리가 아프다든지, 흐린 날 뭘 들다가 삐끗했다든지, 뭐 이런 식으로 올 때도 묘하게 오게 됩니다. 그렇게 허리가 아파서 한방에 가서 침을 맞아도 안 되고 7년 가도 계속 아프니까 지병持病인 줄 알고 앉아 있는데, 이것은 그때 딱 허리 아픈 조상이 들어와서 붙어 있는 것입니다. 그러니까 우리가 간이 안 좋아서 투병을 하다가 죽으면 영혼은 그 환자로 옵니다. 그런 영혼이 자손에게 오면 간이 안 좋은 것입니다. 이런 식으로 우리가 집착을 하지 않고 마무리 인생을 산다는 것은 그만큼 중요합니다. 지상에서 우리는 인간 육신의 탈을 쓰고 백년 안팎밖에 못 삽니다. 우리가 백년 안팎을 사는데, 이걸 다 살고 가서 천년만년을 마지막 모습으로 사는 것입니다.

우리는 차원세계에 가서 천년만년을 살아야 합니다. 천년만년을 어떻게 살지는 백년 안팎을 사는 여기에서 정하는 것입니다. 그래서 마지막 삶은 굉장히 중요한 것입니다. 중간에는 어떻게 했든, 마지막에는 뜻있고 보람 있는 삶을 살아야 합니다. 잔재주로 사는 것이 아니고 뜻있고 보람 있는 일을 하면서 인생을 마무리할 때, 그 영혼은 거룩하게 되는 것입니다.
그래서 오늘 열심히 하고 마지막까지도 열심히 하는 것은 내 사후에 차원세계에서 영혼이 되었을 때 내가 어떻게 사느냐가 여기에서 정해지기 때문에 중요한 것입니다.

우리는 전부 큰 대신 역할을 하다가 인육을 받아서 온 사람들입니다.

지금 이 세상을 사는 우리는 영혼 신으로 있을 때 전부 다 대장들이었습니다. 전부 대장들인데 이 세상에 정법을 열기 위해 인육을 쓰고 다 온 것입니다. 이 세상에 정법을 열기 위해서 대장들이 다 온 것이라는 말입니다. 그래서 민족의 역사적 사명을 띠고 이 땅에 태어났다고 하는 것입니다. 이 세상에 법을 바르게 놓고 바른 길을 찾아 주고 가야 하는데 이것은 대장들이 와야 되는 것입니다. 정법은 대장들이 만지는 것이지 저 밑에서 만지는 것이 아닙니다. 그래서 우리는 마지막 일생입니다. 정법을 생산할 때는 마지막으로 오는 것입니다.

우리가 정법을 생산해서 이 세상에 놓아주고 가면 우리는 정법 대신이 됩니다. 정법을 만지고 간 분들이기 때문에 '정법 대신 1호'가 된다는 말입니다. 정법 대신이 되면 차원세계도 그때부터 정법 대신 세상이 열립니다. 아직까지는 차원세계에 정법 대신이 없습니다. 이때까지는 모든 방편을 빚기 위해서 왔기 때문에 사私로 살 수밖에 없게끔 되어 있었습니다. 하지만 이제는 정正으로 살아야 하고 정법을 만지고 가는 우리는 정법 대신 1호가 됩니다.

이제부터 우리가 가고 나면 우리 후손들은 정법을 만지면서 살기 때문에 정법 대신 2호, 3호 계속 들어오는 것입니다. 그러면 후손들이 들어올 때마다 우리는 한 칸씩 올라가고, 또 들어오면 한 칸 더 올라가고, 또 들어오면 한 칸, 이렇게 해서 우리는 큰 대신들로 모든 아래를 관장하면서 우리 차원세계에서 또 마무리를 해야 합니다.

지금 여기에서 육신을 쓰면서 우리가 행을 하는 것을 '해탈' 한다고 합니다. 해탈의 뜻은 내가 지은 업을 벗어 놓고 간다는 것입니다. 이것은 죄가 없어진 것이 아니라 내가 가진 죄업을 세상에 다 벗어 놓고 가는 것입니다. 이것은 남들에게 득 되는 행을 해서 내가 지은 업을 벗어 놓고 가는 것입니다. 그렇다고 천당을 갈 수 있는 것은 아닙니다. 천당은 못 갑니다.

내가 해탈해서 벗어 놓은 것을 후손들이 잘 쓰게끔 차원세계에서 돕는 것이 대신입니다. 이것을 잘 쓰도록 만들어 그 사람들에게 좋게 쓰이도록 하면, 그때부터 해탈해서 벗어 놓은 업이 녹는 것입니다. 이 원리를 우리가 알아야 합니다.

이 세상에 우리가 정법을 생산해 놓고 전부 다 내주고 나면, 이것을 쓰면서 삶이 좋아집니다. 그래서 이것을 잘 쓰면 이제 벗어 놓은 이 업장이 녹는데, 그래야 우리는 천당을 가는 것입니다. 이것을 '자타일시성불도'라고 하는 것입니다. 모든 중생을 다 일으켜 우리는 같이 간다, 이 말입니다. 자타일시성불도는 나부터 천당에 가는 것이 아닙니다. 차원세계에서 신으로서 중생들의 삶을 계속 도우면서 바르게 살게 이끌어 전부 죄를 벗게 해서 마지막 하나까지 다 건져서 모두 함께 천당을 가는 것입니다. 이때 이 3차원은 원시반본합니다. 그렇게 해서 원래 하나이던 대자연 에너지로 스스로 돌아갑니다. 그때 우리는 우리 고향으로 손을 잡고 다 같이 가는 것입니다. 인류를 저기에다 살도록 놓아두고 우리부터 천당 가는 법은 없습니다. 그러니까 지금 우리 민족의 30%는 마지막 일생입니다. 그것이 우리입니다.

이 사람에게 공부를 직접적으로 할 수 있는 당신들은 상좌들이고 기운이 큰 사람들입니다. 이 사람들은 이 민족의 30%에 해당하는데, 이들은 마지막 일생입니다. 두 번 다시 윤회하지 않습니다. 윤회를 할 때는 내가 오늘 다 못한 것은 다음 생에 하면 되지만, 윤회를 마치고 마지막 일생을 받아올 때는 혼신을 다해서 너를 불태우고 가야 합니다. 너의 일생을 혼신을 다해 이 세상에 모두 깡그리 불태우고 가야만 원한이 남지 않는다는 말입니다.

윤회를 하러 올 때는 한이 좀 남아도 다음 생에 하면 되지만, 우리는 윤회가 없습니다. 그래서 모두 깨쳐야 되니 이렇게 공부할 수 있는 기회를 주는 것입니다. 안 그러면 그냥 밥이나 해 먹고 공장에 다니며 돈이나 벌어 먹고살다가 죽으면 세상에 거름이 되어 다음 생에 또 와서 더 좋은 세상을 만날 수 있지만, 우리는 마지막 일생입니다. 모든 것을 뜻있고 보람있는 일을 하는 데에 쏟아야 합니다. 그렇게 일생을 다 쏟아 놓고 가야 합니다.

내 자식을 위해서도 아닙니다. 내 자식을 바르게 키우는 것은 내 자식이 세상에 뜻있고 보람 있는 일을 해 주게 하기 위해서 바르게 키우는 것입니다. 내 자식도 바르게 키워야 하지만, 내 일생도 마지막 일생이기 때문에 내 자신이 뜻있고 보람 있게 살고 가야 합니다. 이제 우리는 사사로운 데에 너무 집착하지 말아야 합니다.

그리고 내가 뜻있고 보람 있게 살려면 나부터 즐거워야 합니다. 나부터 즐거워야 하는 이유는, 내가 즐겁지 않으면 남을 도울 수가 없기 때문입니다. 괴로운 사람은 남을 도울 수가 없습니다. 내가 괴로운데 남을 도우면 내 에너지를 전달하여 저 사람도 괴로워지라고 하는 것입니다.

나부터 맑혀야 합니다. 나부터 맑혀 내가 아주 즐거운 사람이 되고 기쁜 사람이 되면, 내가 하는 일은 남에게 다 도움 되는 것입니다. 내가 어려운데 남을 돕는 법은 없습니다. 그래서 공부하라는 것입니다. 알면 쉬운데 모르니까 어려운 것입니다. 어떻게 살아야 될지 모르는 것입니다.

우리는 어렵지 않게 살게 되어 있습니다. 바르게 알고 가면 인간은 아무도 어렵지 않게 살게 되어 있습니다. 그런데 모르고 가다 보니 부딪히고 잘못해서 어려움을 겪는 것입니다. 이런 것을 바르게 잡아 주는 것이 이 사람의 가르침입니다. 나 자신부터 맑혀야 합니다. 正

MY JUNGBUB NOTE

MONTH 1 2 3 4 5 6 7 8 9 10 11 12
DAY 1 2 3 4 5 6 7 8 9 10 11 12 13 14 15 16 17 18 19 20 21 22 23 24 25 26 27 28 29 30 31

———————————— 지금 나의 환경 ————————————

———————————— 나의 정법 명언 ————————————

———————————— 느낌 + 생각 ————————————

정법강의 54강 지나간 것은 놓고 즐겁게 살라

정법강의　JUNGBUB LECTURE

55
기계문명의 발달로 생각이 퇴화되고 있는 것 같다

Q. 인류문명이 발생할 당시에는 사람들이 '있다, 없다'와 같은 이진법적인 사고에서 지금은 십진법적인 사고를 가지고 다양한 방식으로 살아가고 있습니다. 그러나 기계문명의 발달로 사랑, 존경, 신뢰 같은 감성들은 소멸되어 가고 생각이 단순해져 퇴화되고 있는 느낌이 듭니다. 계속 이렇게 되면 큰일 나지 않는지요?

강의일자: 2011. 05. 07.

과거에는 기억을 하고 살아야 했습니다. 그 과거는 태초부터가 아니라 아날로그의 탄생부터 마감까지를 압축해서 그 복판부터 풀어 보겠습니다.

지금 50대 안팎의 아날로그인 베이비부머 세대가 태어날 때는 지금과 같은 디지털 시대, 즉 전자 시대가 아니었습니다. 이 사람들은 2차 세계대전으로 이 나라가 살아가는 방법부터 모든 것이 파괴된 때에 태어나 인류가 이때까지 발전해서 쌓아올린 것을 깡그리 무너뜨려 놓은 폐허에서 시작해야 했습니다. 그런데 지금 우리 삶의 수준은 선진국과 후진국의 70% 선에 와 있습니다. 그때는 외국의 것을 하나, 둘 끌어들여 오던 시기여서 계속 성장을 하기 위해 모든 것을 기억해야 했고, 기억 안 하면 안 되었던 시절을 살았습니다.

우리가 살아온 과정을 보면, 1차 삶이 있고 2차 삶이 있고 3차 삶이 있습니다. 1차 삶에서는 무엇이든지 기억하기 위해 노력하면서 살아왔습니다. 이것이 아날로그 세대입니다. 이것은 인류가 성장해 온 것을 압축시킨 것과 똑같습니다. 우리 한 세대가 얼마나 중요한가는 나중에 설명하겠습니다.

1차에서 우리는 주는 대로, 보는 대로 무엇이든지 소화를 시키고 흡수해야 했습니다. 그러다가 전자 시대를 겪었고 지금은 디지털 시대입니다. 전자, 디지털 시대에는 우리가 기억해야 하는 것들이 너무 많습니다. 몇천 년 전에는 지식을 아무리 주워 담아도 인간이 가지고 있는 기억 용량에 넘치지 않았습니다. 그런데 지금은 지식의 용량이 엄청나게 커지다 보니까 우리 내장하드에 너무 많은 것이 들어가면 회로가 고장 납니다.

다 꺼내 놓고 머리는 비워서 써야 합니다. 사고가 다시 단순해진다는 것은 머리를 비워 놓고 필요할 때 쓴다는 것입니다. 그래서 지금 외장하드 시대, 컴퓨터 시대가 일어나는 것입니다. 머리를 비워 놓으면 맑아집니다. 맑아지니까 지금 현재 상대를 대할 때 맑은 생각을 할 수가 있습니다.

우리 머리에 지식을 너무 많이 채워 놓으면, 상대와 대화를 하면서 머리가 너무 복잡하기 때문에 생각을 못 합니다. 지금은 외장하드를 쓰기 때문에 대화를 할 수 있는 것입니다. 과거에는 대화의 시대가 아니었습니다. 과거는 무엇이든지 내 할 일을 열심히 하다가 죽으면 되었지만 지금은 상대와 대화를 하는 세상입니다. 모든 일은 대화로 풀어내야 하기 때문입니다.

이 대화를 풀기 위해서는 아주 미묘한 것까지 만져야 하는데 그러기 위해서는 좀 단순해져야 합니다. 이제는 우리가 성장하고 모든 인류의 문물을 다 끌어들여서 흡수했기 때문에 앞으로는 더 흡수할 것이 없습니다. 그래서 이제는 전부 다 내려놓고 내 앞에 있는 사람과 대화를 잘해야 합니다. 대화를 못하면 아무리 많이 알고 있어도 소용이 없습니다. 내 앞의 사람과 대화를 못하면 내 인생을 바르게 살지 못한다, 이 말입니다. 그래서 외장하드 시대가 되는 것입니다.

외장하드 시대에는 우리 두뇌가 퇴화하는 것으로 생각하기 쉽지만, 사실은 발전하는 것입니다. 고도적으로 발전을 하기 때문에 외장하드가 필요한 것입니다. 컴퓨터도 기본적인 데이터베이스 용량이 많이 차면 외장하드를 써야 합니다. 똑같은 것입니다. 용량이 너무 많으니까 외장하드를 쓰는 것이고 컴퓨터가 그래서 필요한 것입니다. 그래서 지금 우리가 단순한 것은 단순한 것이 아닙니다. 고도적인 일들을 처리해야 되기 때문에 비워두는 것이라고 분별하면 됩니다. 앞으로 고도적인 일을 처리하기 위해서 모든 자질구레한 것은 전부 다 외장하드로 넣고 머리는 비워두어야 합니다. 그래서 전에는 공책에 일기를 써서 보았는데 이제는 공책 볼 일이 없고 앞으로는 전부 다 컴퓨터로 저장하게 됩니다. 필요할 때만 꺼내 보기 위해서 이 사회는 앞으로 '저장시대'로 갑니다.

그리고 우리가 이때까지 갖추었던 지식도 모두 정리되어서 인터넷으로 다 들어갑니다. 그 이유는 사람은 내가 가지고 있으면 내 것이라고 하게 되어 있는데, 이 지식은 절대 내 것이 아니기 때문입니다. 여기에 앞으로 살아갈 우리 국민들의 삶의 법칙이 나옵니다. 지식은 내가 배운 것이지만, 내가 배운 이 모든 에너지는 인류로부터 발전시켜서 나에게 온 것입니다. 그래서 인류로 다시 환원해야 하고 공유해야 되는 것이지, 사유가 되면 안 되는 것입니다.

만일 지식을 갖춘 사람들이 그 지식 에너지를 꺼내서 공유하지 않으면, 앞으로 더 이상 사람 대접을 못 받게 됩니다. 우리가 가진 재주와 지식 등 모든 것을 공유해야 존경받을 수 있는 인본시대가 지금부터 일어납니다. 내가 갖춘 것과 또 이룬 것을 지적인 방법으로 환원하여 많은 사람을 이롭게 하라, 이 말입니다. 그렇게 하지 못하면 아무리 배운 사람이라도 천대받는 그런 시대가 앞으로 열립니다.

우리는 퇴화되는 것이 아니라 고도로 발전하고 있습니다. 어떤 수준을 넘어버려 단순해진 것입니다. 인간은 가면 갈수록 더 지적으로 나아지면 나아졌지 절대로 퇴화하는 법은 없습니다. 어떤 면은 진화 발전하고 어떤 면은 쓰지 않느냐가 바뀔 뿐입니다. 한 대가 대물림을 하면, 더 발전하면 발전했지 퇴화되는 것이 아니라는 것입니다. 그래서 역사적으로 선조들이 남기고 간 모든 것을 자료로 삼아야 되는 것이지, 우리는 그것을 존경하고 받드는 사람들이 되어서는 안 됩니다.

선조들이 아무리 좋은 기술과 좋은 글 그리고 사상을 남겼어도 이것은 우리가 자료로 삼아서 더 나은 시대를 여는 거름으로 써야지, 그것이 옳고 높다고 받들다가 죽으면 안 된다는 것입니다. 인류가 생산해 낸 모든 것이 우리에게 온 것은 더 이루어 달라고 온 것입니다. 그것을 거룩하다고 받들고 있으면 더 진화 발전을 시키지 못 하고 두 번 다시 그 위로 못 올라갑니다. 세상의 어떤 법칙이든 어떠한 논리든 어떠한 사상이든 앞의 세대에서 해놓은 것은 뭐든지 흡수해서 더 나은 것을 생산해야 합니다. 절대 우리 삶보다, 우리가 할 일 보다 더 나은 것은 이 세상에 나온 적이 없습니다.

이제부터 우리 일을 시작해야 합니다. 2013년도부터 인본시대가 열리고 정법시대가 열립니다. 이 민족은 무엇이든지 배운다고 흡수하고만 있었지, 아직까지 실력을 내놓은 사람이 없습니다. 우리가 한 것이 없는데 누가 더 옳고, 더 퇴화했다 할 것입니까? 우리는 인류를 위해서 일한 적이 없는 부끄러운 민족입니다. 아날로그들이 지금부터 일을 할 것입니다. 그 일이 어떠한 일인가는 이제 보면 압니다. 이 민족이 진짜 우리 일을 했을 때는 인류가 풀지 못하는 답을 풀어냅니다.

우리는 인류의 문물을 다 먹었습니다. 그래서 지식인들이 꽉 찼습니다. 인류가 풀지 못하는 것을 우리 민족이 다 풀 것입니다. 그것이 정법시대입니다.

이 나라에서 정법이 생산됩니다. 그 정법은 하나하나마다 인류의 빛이 되고 소금이 될 것입니다. 그때 우리가 누구인지를 이야기할 것입니다. 지금 내가 이야기한다고 해서 누가 알아주지도 않을 것이지만, 우리가 무슨 일을 했느냐에 따라서 우리가 누구라는 것이 스스로 드러납니다. 우리는 천자, 천손입니다. 천손들이 아직까지 일을 하지 않았기 때문에 표가 안 나는 것입니다. 일을 하기 위해서 우리는 지식을 갖추었고 이제부터 지식인들이 일을 할 것입니다. 正

MY JUNGBUB NOTE

MONTH 1 2 3 4 5 6 7 8 9 10 11 12
DAY 1 2 3 4 5 6 7 8 9 10 11 12 13 14 15 16 17 18 19 20 21 22 23 24 25 26 27 28 29 30 31

―――――――――― 지금 나의 환경 ――――――――――

―――――――――― 나의 정법 명언 ――――――――――

―――――――――― 느낌 + 생각 ――――――――――

정법강의 55강 기계문명의 발달로 생각이 퇴화되고 있는 것 같다

정법강의　JUNGBUB LECTURE

56
IMF와 금모으기 운동

Q. 우리나라가 1997년 외환위기로 IMF를 겪을 당시, 국제사회가 우리 국민의 금모으기 운동을 보고 한국 경제에 대한 평가를 긍정적으로 다시 하는 계기가 되었다고 합니다. 오늘날 경제가 불안할 때마다 IMF에 대한 말들을 많이 하고 있는데, IMF를 극복하는데 정말 금모으기 운동이 큰 도움이 되었나요?

강의일자: 2011. 12. 11.

IMF 망상이 다시 떠오르는 모양인데, IMF는 끝나지 않았습니다. 언제든지 다시 일어날 수 있습니다. 왜냐하면 우리가 IMF를 바르게 처리하지 않았기 때문입니다. IMF를 맞은 이유는 달러 쇼크 때문인데 우리 삶 자체가 방탕해서 일어난 것입니다. 그래서 그냥 달러 쇼크가 아니고, 방탕성 달러 쇼크입니다. 이 쇼크 사태를 맞고 난 후, 어떻게든 돈을 빌려서 빚을 갚았다고 외환위기가 끝난 것이 아닙니다. 이 민족이 살아나가는 패턴 자체를 틀지 못하고 우왕좌왕하며 다른 데로 가다가 맞은 것이기 때문에 다시 맞지 않으려면 패턴을 바꾸어 주어야 합니다. 그리고 설계를 다시 하고 실행해서 풀어야만 해결되는 것입니다. 이 설계가 아직까지 안 나왔습니다. 그래서 우리가 운용하는 체제가 바뀌지 않았기 때문에 달러 쇼크가 끝나지 않았다는 것입니다.

IMF를 정리하는 과정에서 우리 기업을 전부 다 팔아먹는 것이 아니었습니다. 이왕 IMF의 상황에서 그 돈을 썼고 국민에게 이 나라의 어려움을 호소했는데, 그때의 결속력으로 딛고 일어나 기업이 나가는 방향을 틀었어야 했습니다. 수출 지향적 체제에서 미래에 우리와 같이 살아갈 수 있는 나라들을 확보하는 체제로 바꾸어야 했습니다. 기업의 70%는 수출을 하면서 이 나라를 계속 이끌고 가고, 30%는 뭔가 체제를 바꾸어 가는 시도를 했어야 합니다.

이것이 무엇이냐? 3D산업 Dirty, Difficult, Dangerous 이라는 이름의 1차 산업 즉, 이 나라가 제일 먼저 기운을 차리기 위해서 사용했던 이런 기술들이 IMF 당시에는 애물단지로 전락하게 된 상태였고, 우리 국민 모두 그러한 3D 일을 안 하려고 들었습니다. 그때 이 기술들을 가지고 뭔가 좋은 설계가 나왔어야 했습니다. 우리나라가 힘을 쓰도록 해 주었고 이 나라를 일으켜 세웠던 3D산업 기술들을 잘 활용해서 국제사회에 발 벗고 나가는 설계를 그때부터 했어야 했습니다. 그리고 3D산업을 해외로 빼내면서 중공업 시대를 맞이하고, 이 중공업 기술을 완성시켜가면서 우리 사회가 다시 일어났어야 했던 것입니다. 그러면서 70%는 중공업, 30%는 금융사업을 했어야 합니다. 우리는 그 달러 쇼크를 맞으면서 금융사업이 무엇이라는 것을 알았습니다. 이때 금융 서비스사업 공부를 하면서 이 나라가 발전을 했어야 합니다.

그런데 이런 것을 잘 설계하지 못하고 그저 돈을 빨리 만들어 메꾸려고만 했던 것입니다.

그때 대한민국이 그렇게 떠들며 금을 모아 마련한 돈은 몇천 억이 안 됩니다. 그래서 그것으로 IMF를 막아낸 것이 아니라는 말입니다. 그 하나의 프로젝트로 국민의 결속을 이끌어 낸 시너지 효과가 있었습니다. 하지만 그것이 IMF를 막는데 공헌한 것은 아니었습니다. 국민의 결속을 국제사회에 알리고 한류도 일으킨 효과는 있었지만, 경제적으로 도움이 된 것은 아니라는 것입니다.

사실은 금모으기보다도 더 좋은 것이 그때 있었습니다. 그 당시 대한민국에서는 한편은 관광에 미쳐서 모두 해외여행을 다니고 또 다른 한편은 외화의 자금 흐름을 전혀 못 잡을 정도로 외국 돈을 막 끌어들였습니다. 그러다가 달러 쇼크를 맞아서 갑자기 IMF가 터진 것입니다. 외환위기를 못 막을 우리나라가 아니었지만, 갑자기 일어났기 때문에 IMF 사태가 일어나 버린 것입니다. 그 당시 우리나라는 올림픽을 치르고 나서 전부 허리띠를 풀고 술도 한 잔 씩 먹고, 꽘에도 좀 가고 하면서 막 관광 붐이 불었을 때입니다. 그러다 IMF가 터지니 여행 다니던 사람들이 모두 국내에 들어와서 살얼음판 위에 앉아 있었습니다.

그 당시 우리 국민 주머니에서 달러를 꺼내게 했으면, 달러가 엄청나게 나왔을 것입니다. 집에 달러를 조금씩이라도 가지고 있을 때였기 때문에, 이때 달러를 모았으면 금의 10배는 더 나왔을 것입니다. 국가의 위기 상황에서 집에 안 쓰고 있는 달러를 전부 다 환전을 해 준다고 했으면, 이왕 있는 것이고 또 그때는 관광가기도 좋지 않을 때이기 때문에 달러가 전부 나왔을 것입니다. 그때 환전했던 달러를 통계해 보면 엄청나게 많았습니다. 금도 모으고 달러도 모았다면, 그 효과가 컸을 것입니다.

하지만 그 모든 것을 다 떠나서 우리는 위기를 맞아야만 했고, 위기를 맞고 다시 일어나면서 체제를 바꿔 냈어야 했던 것입니다. 그 체제를 바꾸지 못하고 우왕좌왕하며 돈으로 메꾸면서 그냥 슬슬 덮어버렸기 때문에 눈에는 안 보이지만, 속에서는 아직까지 그 여파가 엄청난 것입니다. 우리가 크게 출혈을 했다면 그만한 성과는 분명히 이루어 냈어야 했던 것입니다. 그때 깨우칠 것은 깨우치고 두 번 다시 이 나라가 흥청망청하지 않고 흔들리지 않는 길로 방향을 잡았어야 했는데, 덮은 바람에 그냥 넘어지게 된 것입니다.

이 사람이 거지에게 밥을 주지 말라고 가르치는 것과 같은 원리입니다. 밥을 얻지 못하고 배가 고플 때, 거지는 살 길을 찾아 나서게 되는 것입니다. 마찬가지로 우리나라가 힘들 때 그렇게 도움을 받을 것이 아니라 우리 스스로 뭔가 돌파구를 찾아냈어야 했습니다. IMF는 우리에게 큰 전환의 기회였는데 그 기회를 살리지 못하고 너무 급하게 덮어버렸던 것이 엄청난 착오이고 실수였습니다. 2차 대전과 6.25를 맞으면서 그 어려운 과정을 겪고 겨우 일어났는데, 이것을 해결하지 못하고 이대로 놓아두면 앞으로 더 어려운 것이 옵니다.

어려운 것은 절대 한 번에 안 옵니다. 작은 것이 왔을 때 이것을 해결하지 못하면 좀 더 어려운 것이 오고, 더 어려운 것이 왔다고 덮어버리면 그 다음에 더 큰 것이 떨어져서 그냥 무너지는 것입니다. 어려울수록 우리는 깊이 통찰하고, 우리 모습을 다시 찾아서 두 번 다시 아프지 않을 방법을 찾아야 합니다.

금모으기 운동은 하나의 결속을 다지는데 필요했던 것일 수는 있어도 그것이 경제적으로 도움이 되는 것은 아니다. 이렇게 보면 정확합니다. 正

MY JUNGBUB NOTE

MONTH   1 2 3 4 5 6 7 8 9 10 11 12
DAY   1 2 3 4 5 6 7 8 9 10 11 12 13 14 15 16 17 18 19 20 21 22 23 24 25 26 27 28 29 30 31

―――――――――――――― 지금 나의 환경 ――――――――――――――

―――――――――――――― 나의 정법 명언 ――――――――――――――

―――――――――――――― 느낌 + 생각 ――――――――――――――

정법강의 56강 IMF와 금모으기 운동

정법강의 JUNGBUB LECTURE

57-58
지구 재앙이
왜 일어나는지

Q. 요즘 미국에서는 엘리뇨와 토네이도가 자주 발생하는데 이것은 수온상승으로 인한 회오리바람이 일어나는 것이며, 일본에서도 지진 발생으로 원자력발전소가 붕괴되어 엄청난 피해를 입었습니다. 이런 일들을 두고 과거 어느 도인이 미국은 물로 치고 일본은 불로 친다고 예언도 했습니다. 이런 현상들이 왜 일어나는 것입니까?

강의일자: 2011. 05. 07.

우리 민족은 예언을 많이 했습니다. 종교지도자나 조직의 지도자라고 하면 모두 영적인 힘을 가지고 있습니다. 그래서 지도자가 될 수 있는 것입니다. 많은 사람의 우두머리가 된다는 것은 영적인 힘이 없으면 될 수가 없습니다. 인간의 힘만 가지고는 누구의 윗사람이 될 수가 없고 누구를 이끌어 갈 수가 없는 것입니다. 그것은 기본입니다.

예언을 누가 했던 간에 이것은 영적인 힘이지 본인의 힘이 아닙니다. 이 세상에 지도력을 갖기 위해서는 그런 힘을 가져야 합니다. 그런 영적인 힘을 가지고 있으니까 그런 말을 많이 한 것인데, 이것은 그 당시에 본 것을 그대로 설명해 놓은 것입니다. "미국은 물로 다스리고 일본은 불로 다스리고 쇠덩어리가 날아다니더라…" 오만가지 이야기를 다 했습니다. 그것은 영적으로 그렇게 보았기 때문에 그 당시에 알고 있던 지식으로 이야기할 수밖에 없었던 것입니다.

지금도 영을 받습니다. 그런데 비메이커가 받으면 그냥 말하는 것이라며 지나가 버리고, 무리를 이끄는 우두머리가 말하면 기록을 남겨 놓는 그 차이입니다. 지금 무당도 "일본이 언제 이렇게 된다..., 미국이 토네이도로 몇 명이 죽는다..., 큰일이 터진다..." 하고 그 소리를 받고 있습니다. 그런데 무당들은 자기 앞에 있는 손님이나 옆에 있는 사람에게 이야기할 뿐 방송에 나오지 않습니다. 비메이커이기때문입니다. 그런데 지금 알고 있고, 예언을 하고 있습니다.

제자들이라면 누구에게는 이런 것을 가르쳐 주고 누구에게는 저런 것을 가르쳐 주고 다 가르쳐 줍니다. 그것은 이 민족이 단의 민족이고 영적인 민족이기 때문입니다.

우리 민족은 조금 특별합니다. 그래서 전부 다 영을 받고 있습니다. 지금도 계룡산이나 태백산에서 이런 소리를 다 듣고 있습니다. 그런데 이것을 누가 기록해 주지 않습니다. 미친 소리 한다며 지나가는 것입니다. 하지만 무리를 이끄는 사람이 이야기를 하면 제자들이 받아 적습니다. 나중에 그 일이 있고 나면 방송에 나와 예전에 그렇게 말씀하셨다고 이야기하는 것입니다. 그 차이입니다.

토네이도든 지진이든, 이런 일이 왜 일어나는지 기본적인 것을 조금 알아야 합니다.

3차원이 100%로 운행을 한다고 보면, 30% 운용이 되었을 때 지판이 한 번 흔들렸습니다. 지판이 어떻게 흔들렸는가? 바다 밑에 있던 땅이 솟구쳐 산이 되고 뭍에 있던 것들이 바다 밑으로 들어가는 식으로, 지판이 엄청나게 흔들려서 현재의 모습을 가지게 되는 이런 일들이 벌어졌던 것입니다.

그럼 지금이 언제냐? 70% 운행이 된 때입니다. 2012년까지가 70% 운행이 끝난 것입니다. 우리가 대자연의 법칙을 조금 알고 들어가면 항간에 떠도는 이야기를 많이 이해할 수 있을 것입니다. 여기서 3 : 7의 함수가 나옵니다. 70% 운행이 다 된 순간이 2012년 마지막 날입니다. 2013년부터는 남은 30%가 운행되는 것입니다.

70% 안팎의 과도기에는 엄청난 일들이 일어나는 것입니다. 2차 세계대전도 그 안에 일어난 일입니다. 2차 세계대전이 어떻게 일어났어요? 사람의 마음과 생각이 움직인 것입니다. 그러면 생각이 어떻게 움직이느냐? 불만이 조금씩 쌓여서 양이 되고, 양이 조금씩 쌓여서 질로 변하게 됩니다. 불공평한 일들로 안 좋았던 마음을 품고 이야기할 때, 그 에너지가 양으로 나와 쌓이게 되는 것입니다. 이 대자연은 인간이 어

떤 말을 하느냐에 따라서 변하게 됩니다.

인간의 말에서 나오는 에너지는 어마어마한 질량을 가지고 있습니다. 과학이 아직까지 손을 대지 못하고 있지만, 인간이 하는 말은 질량이 어마어마하게 큽니다. 무슨 말을 하느냐에 따라 대자연의 에너지도 변하게 됩니다. 그러면 70% 운행이 되었을 때는 언제냐? 인간이 최고 발악을 할 때입니다.

왜 최고 발악할 때라고 이야기하느냐? 70% 운용을 해오면서 모든 방편을 빚어내고 세상에 필요한 것을 다 빚어내는 시대를 살아왔기 때문입니다. 세상에 모순이라는 모순을 다 빚어내야만 그 다음 작업이 들어갈 수 있는 것입니다. 그래서 70% 올 때까지는 인류의 모순이라는 모순은 다 빚어내고 있었던 것입니다. 70% 운용을 하는 데까지 우리는 방편도 빚어내고 앞으로 써야 될 모든 것들을 이 세상에 빚어냈던 것입니다.

세상에는 아직 답이 나온 적이 없습니다. 정법이라는 답을 생산하기 위해서 필요한 것들을 세상에 다 빚었다는 말입니다. 모순도 필요한 것입니다. 모순 없이는 정확한 분별을 할 수가 없습니다. 이 세상이 운용된 자체가 70%까지 운용되었고, 그래서 아직은 이 세상에 답이 없었던 것입니다. 누가 옳다, 그르다 하지 말고 이제 2013년부터 답을 생산할 것입니다. 누가? 천손들이, 인류의 뿌리에 해당하는 이 해동 대한민국에 사는 사람들이 인류에게 필요한 답을 꺼내기 시작할 것입니다. 하나 둘 차례로 나오기 시작하는데, 멋진 것들을 이제 보게 될 것입니다.

우리는 그 답을 만들어 내기 위해서 저마다 소질을 갖추었고 모든 지식을 갖추었던 것입니다. 자손들에게 지식을 갖추게 하기 위해서 우리 부모님들은 혼신을 다해 왔고, 우리 아날로그 지식인들을 지도자로 키우기 위해 우리의 부모님들과 형제들은 혼신을 다해 희생해왔습니다.

그러면 아날로그 지식인이 누구냐? 우리의 선조님들은 단의 혈통을 보존하기 위해 수천 년 동안 긴 세월을 걸어왔습니다. 그분들이 지켜왔던 단일민족의 마지막 혈통이 2차 세계대전 이후에 태어나기 시작한 사람들입니다. 혈통이 한 대를 넘어갈 때마다 DNA가 좋아지고 우수해진 것입니다. 이렇게 해서 마지막 혈통은 최고의

DNA를 가진 우수한 혈통이 태어난 것입니다.

그래서 2차 세계대전 이후에 태어난 아날로그 세대는 전쟁을 경험하지 않고 지식을 갖추는데 몰두할 수 있었던 것입니다. 우리가 일본인들을 미워하고 있는데 아날로그 세대들은 그들을 미워해야 할 이유가 없습니다. 아날로그 세대들은 그들에게 고문을 당하거나 창에 찔리지 않았습니다. 수모와 고통을 직접 당하지 않았는데 부모님들로부터 나쁘다는 소리를 전해 들었을 뿐입니다. 그렇게 역사도 배우고 국제사회의 돌아가는 사정도 지식이라는 이름으로 흡수해 왔습니다. 우리의 것은 다 놓고 인류가 생산해 놓은 모든 지식을 이 땅에 들여와서 만지고 흡수했습니다.

왜 인류가 생산해 놓은 지식을 가지고 우리를 갖추게 했느냐? 그것은 인류가 풀지 못하는 답을 해결하라고 우리들에게 다 가져다 먹인 것입니다. 나라 안의 일만 할 것 같으면 조상들이 만든 지식만 먹으면 됩니다. 국제적인 지식을 먹였다는 것은 국제적인 일을 하라고 인류의 모든 지식을 가져다 먹인 것입니다. 우리는 눈을 크게 떠야 합니다.

아날로그 세대가 어릴 때 무엇을 배웠습니까? '민족의 역사적 사명을 띠고 이 땅에 태어났다'라고 배웠습니다. '조상의 얼을 빛내고 저마다의 소질을 계발해서 안으로는 자주독립을 이룩하고 밖으로는 인류공영에 이바지할 때다'라는 이것을 몇 살 때 배웠습니까? 초등학교 코흘리개 때, 그것도 몽둥이를 맞아가며 배웠습니다. 사탕 하나만 주면 제일 좋아하는 코흘리개에게 그 큰 말을 소화도 못할 때, 몽둥이로 때려가며 가르쳤던 것입니다. 국민교육헌장에 있는 이 내용을 천지창조 이래로 우리만 배웠던 것입니다. 인류에 있는 그 누구도 이것을 배우지 않았습니다. 우리 아날로그 세대만 배웠습니다. 기계식인 선배님도 디지털세대도 간접적으로 아는 것이지, 배우지 않았습니다. 오직 아날로그만 배운 것입니다.

아날로그 중에서도 지금의 50대 안팎인 이 베이비부머세대들만 몽둥이로 맞아가며 배웠습니다. 왜? 당신들의 사명이며 당신들의 삶이 그 안에 존재하기 때문입니다. 국민교육헌장에 있는 말이라고 어떤 사람들은 유신 잔재라고 하는데, 어떻게 빚어졌든 우리가 배웠던 것입니다. 이 답을 풀게 되면 우리가 누구인지도 알게 됩니다.

'인류공영에 이바지할 때다' 이 말은 인류공영에 이바지하는 삶이 아니면 베이비부머 너희들의 삶은 없다는 말입니다. 우리 조상들이 아무리 우수하고 언제는 도인도 나왔다고 해도, 그분들이 인류를 위해서 일한 적은 없습니다. 말밖에 하지 않았습니다. 선조님들이 말은 해 놓았지만 하지 못했던 일들을 우리는 다 해야만 합니다. 그렇게 해서 조상의 얼을 빛내야 되는 자손입니다.

누가 언제 무슨 예언을 했다는 것은 다 놓아두어야 합니다. 그것도 정보입니다. 이제는 세상 저쪽에서 파도가 쳐서 뒤집어진들 거기에 신경 쓰지 말고 지켜보며, 지금 우리는 무엇을 할 것인가를 생각해야 하는 것입니다.

70%가 운용되었을 때는 과도기여서 지판이 움직이고 우리의 마음도 움직이게 됩니다. 우리 마음이 움직이면 지구가 움직입니다. 지구가 이번에는 어떻게 움직이느냐? 축이 흔들릴 만큼 움직입니다. 땅이 솟아오르지는 않지만 압축적으로 움직이기 때문에 지축이 흔들리게 됩니다. 지축에 변동수까지 일어날 만큼 움직입니다. 지축이 움직이고, 지구가 움직이면 어떻게 되느냐? 태양계가 움직입니다.

우리의 마음이 움직이면 지구가 움직이고, 지구가 움직이면 태양계가 움직입니다. 지금까지 대자연에서 일어나는 일은 아직 다 온 것이 아닙니다. 태양계가 움직이면 또 뭐가 움직이느냐? 은하계가 움직입니다. 이제부터 관측하게 될 것입니다. 우리가 생각하지 못했던 엄청난 것들이 움직이는 것을 보게 될 것입니다.

그러나 이 해동 대한민국은 그중에서도 가장 안전한 곳입니다. 지구는 은하계와 태양계에서 가장 안전한 곳이며, 지구 안에서는 이 해동 대한민국이 가장 안전한 곳입니다. 호들갑 떨지 말아야 합니다. 다른 나라에 태풍이 몰아치고 엄청난 피해가 생겨도 이 땅에는 살짝 온다는 것을 알아야 합니다.

고목나무 한 그루가 '인류의 지판대'라고 보면, 이 나라는 어디에 해당하느냐? 뿌리에 해당합니다. 삼천리금수강산인 이 땅은 인류의 뿌리입니다. 그리고 중원에 있는 중국 대륙은 몸통입니다. 우리는 나무 몸통을 바르게 알아야 합니다. 또 몸통인 중원 밖을 서양이라고 부릅니다. 서양은 나무 가지에 해당하는 곳입니다. 몸통과 나무 가지의 경계는 히말라야 산맥과 천산 산맥이고, 몸통과 뿌리의 경계는 압록강과 두만강입니다. 물로 금을 그어 놓은 땅인 이곳 삼천리금수강산은 뿌리입니다. 그러면 압록강과 두만강으로 분리되어 그 안에 있는 이 땅은 어떻게 생겼느냐? 길이가 삼천리요, 둘레가 칠천리라... 공수가 나는 곳입니다. 3 : 7의 대자연의 법칙에 어긋나지 않게 정확하게 만들어진 곳입니다. 산이 70%요 들이 30%로, 3 : 7의 함수에 어긋나지 않게 만들어진 곳입니다. 70% 몸을 태평양에 살짝 담가 놓은 이 땅은 인류의 뿌리에 해당하는 곳입니다. 이 땅에 사는 우리 천손들이 어떻게 생각하느냐에 따라서 이 지판의 기운이 바뀌는 것을 알아야 합니다. 우리가 무슨 생각을 하고 사느냐에 따라서 이 고목나무 한 그루가 변한다는 것입니다.

우리가 얼마나 중요한 사람들인지 이제 깨달아야 합니다. 우리의 생각에 따라서 인류의 운명이 바뀌게 됩니다. 뿌리가 어떻게 하느냐에 따라서 이 나무는 변하게 되어 있습니다. 우리 국민들이 머리가 나빠서 이것을 깨치지 못하는 것이 아닙니다. 우리 민족만큼 머리가 좋은 민족이 없습니다. 그런데 지금까지는 알면 안 되었던 것입니다. 그래서 알지 못하게 눌러 놓은 것입니다.

우리가 천손이고 지도자라는 것을 먼저 알아버렸으면 어떻게 되었을 것 같습니까? 안 그래도 깃대 쎈 양반들인데 아주 절단날 사람들입니다. 그래서 지금까지는 날뛸 때가 안 되었기 때문에 몰랐던 것이고, 이제부터는 가르쳐 주어도 될 때가 온 것이고, 우리가 일을 해야 될 때가 왔습니다. 이 민족이 얼마나 우수한지를 세상에 드러낼 때가 온 것입니다. 우리가 잘났다고 하는 것이 아닙니다.

국제사회가 굉장히 어려울 때가 왔습니다. 이럴 때 지도자들이 나서야 하고 뿌리가 힘을 써야 합니다. 뿌리가 제 몫을 해 주어야만 인류를 구원할 수 있습니다. 그래서 이 사람이 지금 나온 것입니다. 이 사람은 산에 죽으러 들어갔던 사람입니다. 대자연이 불러서 들어갔든 어떻게 되었든, 죽지 못하고 무릎을 꿇고 산에서 쓰레기를 주웠던 사람입니다. 십수 년 동안을 말 한마디 하지 않고, 쓰레기를 주워 먹고 살면서 나 자신과 이 세상에 대한 것을 스스로 공부한 사람입니다.

'나는 세상에 한 일이 없고, 왜 이런가?'
이 사람은 산에 들어갈 때 입었던 옷을 산

에서 나올 때 그대로 입고 나온 사람입니다. 십수 년을 옷 한 벌 갈아입지 않고 누구하고 말 한마디 나누지 않고, 거지가 되어 나온 사람입니다. 그렇게 공부를 마친 후에 세상을 둘러보았는데, 나는 세상이 잘 갖추어져 있는 것을 보았습니다. '일할 때는 되었는데 일을 할 수는 있을 것인가?' 하고 거지 차림으로 세상을 둘러보니 잘 짜여진 한 판인 것을 보았습니다.

이 나라에 지식인들이 이만큼 많이 태어났다는 것은 세상 그 누구도 바꿀 수 없는 우리 힘인 것입니다. 지식을 다 갖추고 나면 도인이 되는 것입니다. 우리는 이때까지 그것을 몰랐던 것입니다. 도인이라고 하면 재주 있는 자가 도인인줄 알았지만, 그것은 재주를 가진 자입니다. 지식을 꽉 갖춘 자만이 도인이 되는 것입니다. 우리가 지식을 갖추기 전에는 이것이 옳은가 저것이 옳은가 분별치 못했지만, 지식을 갖춘 사람들은 바른 분별을 할 줄 압니다. 이제 이 사람들이 나서서 세상을 바르게 정리하게 되면, 재주를 갖춘 사람은 힘을 쓰지 못하게 됩니다.

지식을 갖춘 사람들이 세상을 이끌어야 세상이 바르게 가는 것입니다. 지식을 갖춘 사람들이 지혜를 열어야 합니다. 그러면 지혜를 어떻게 여느냐? 갖춘 지식을 나를 위해 쓰는 것이 아니라 백성을 위해 널리 크게 써야 지혜가 열리는 것입니다. 인류를 위해 나를 바치겠다는 마음과 정신으로 돌아설 때 지혜가 스스로 열린다는 사실을 알아야 합니다.

지식인들이 지식을 갖추었다는 것은 백성의 피와 땀을 먹고 성장했다는 것입니다. 아직까지 지식인들이 이 세상을 위해 일한 적이 없습니다. 지식인 한 사람을 갖추게 하고 키우기 위해서 백성들이 얼마나 많은 에너지를 소모했는가를 알아야 합니다. 그런데 이 나라의 지식인들이 자기 혼자 잘 먹고 잘 살려고 합니다. 그렇게 하면 이 나라는 망합니다. 그렇게 살아서는 이 나라가 바로 서지 못합니다. 백성들의 희생으로 내가 성장했다면 한시라도 한 뜸이라도 나는 백성들을 위해 무엇을 할 것인가를 생각해야 할 때입니다. 내가 갖춘 지식이 인류가 남긴 유산임을 안다면 '나는 인류를 위해 무엇을 할 것인가?'라는 생각으로 돌아설 때 지혜가 스스로 열려서 인류를 구제할 수 있는 답을 만들어 낼 수 있는 것입니다.

민초들은 지식인을 키우고 보수가 경제를 갖추게 하기 위해서 열심히 일한 죄밖에 없습니다. 그래서 민초들을 뭐라고 하지 않습니다. 그들은 열심히 살았습니다. 백성들이 열심히 살면 경제가 일어나고, 보수라는 맏형들은 그 경제를 챙겨놓게 됩니다. 그것이 윗사람들입니다. 그리고 진보 세력은 지식을 갖추고 있었습니다. 백성들이 일을 해야만 경제가 일어나고, 백성들이 이룬 그 경제로 진보는 열심히 공부를 해서 지식을 갖추고, 보수는 백성들이 일으켜 놓은 경제를 한쪽에다 모아 놓고 있었던 것입니다.

열심히 일해서 경제를 일으킨 백성들에게는 미안하지만 이 경제를 줄 수 없습니다. 왜? 주면 일을 안 할 것이기 때문입니다. 그래서 안 주는 것입니다. 이 나라가 큰일을 할 때 필요한 경제는 있어야 하고, 또 지식을 갖춘 자들도 있어야 하기 때문에 백성들이 그만큼 힘들게 경제를 이루었던 것입니다. 백성들은 알게 모르게 손해만 보는 것 같지만 경제는 한쪽으로 다 모아 놓아야 합니다. 그래서 이 나라 경제의 70%는 움직이지 않고 30% 경제로 움직이고 있는 것입니다. 이런 이유로 여러분들이 굉장히 힘들게 사는 것입니다. 하지만 이 경제는 우리가 큰일을 할 때 쓰기 위해서 모아 놓은 것입니다. 그것은 우리 지식인들이 이 프로젝트를 개발하고 세상을 위해 일하려고 움직일 때 다 쓰일 것입니다

우리 백성들이 열심히 일을 했으니까 이제 보람 있는 세상이 올 것입니다. 백성들이 열심히 일해서 이 나라를 일깨우고 인류를 살릴 수 있는 그런 힘을 갖추어 놓았던 것입니다. 이제 보람을 찾게 될 날이 얼마 남지 않았습니다. 앞으로 좋은 세상을 보게 될 것이니까 아무 걱정하지 마십시오.

MY JUNGBUB NOTE

MONTH 1 2 3 4 5 6 7 8 9 10 11 12

DAY 1 2 3 4 5 6 7 8 9 10 11 12 13 14 15 16 17 18 19 20 21 22 23 24 25 26 27 28 29 30 31

―― 지금 나의 환경 ――

―― 나의 정법 명언 ――

―― 느낌 + 생각 ――

정법강의 57-58강 지구 재앙이 왜 일어나는지

59
악법도 꼭 지켜야 하나요?

Q. '악법도 법이다'라는 말이 있는데 악법인 줄 알면서도 그 법을 순순히 따라야 하나요? 아니면 저항을 해서라도 악법을 고치려고 하는 게 맞나요?

강의일자: 2011. 12. 11.

과거에 우리가 무식할 때는 저항했죠. 지식사회에서는 저항하면 안 됩니다. 지혜롭게 풀어 가야 합니다. 지금은 악법에 대항해서 바르게 잡을 수 있는 시절이 아니니까 악법을 편법으로 바꿔 쓰는 것입니다. 우리 민족은 악법을 만들어 놓으면 편법을 만들어서 만지며 가지고 갑니다. 그만큼 우수한 민족입니다.

악법이 있어도 모두 다 쓰는 것도 아닙니다. 그리고 악법을 만들어 놓아도 걸리는 사람만 걸립니다. 안 걸리는 사람이 대다수이고 걸리는 사람은 1%밖에 안 됩니다. 그 사람들은 맞을 사람들이라서 거기에 말려드는 것입니다. 악법도 법이라고 어떤 사람은 지킵니다. 그런데 어떤 사람은 피해 가고 어떤 사람은 편법으로 가고... 이렇게 살금살금 가는데도 안 걸립니다. 그런데 딱 걸리고 나면 재수 없다며 그 법을 탓하는데, 그렇게 탓을 하면 항상 걸리게 되는 것입니다. 악법이라고 해도 걸리는 사람이 계속 걸리지, 안 걸리는 사람은 안 걸립니다.

악법도 법입니다. 악법을 만들어야 될 시기가 되었기 때문에 그런 악법이 나온 것이지 악법도 없어질 때가 되면 없어집니다. 이 사회가 악법을 제정해야 될 만큼 기운이 탁해서 그렇게 법을 제정한 것입니다.

사형법을 만들어 놓아야 될 때가 되면 사형법이 만들어지는 것이고, 없어질 때가 되면 없어지는 것입니다. 그것도 법입니다. 시대적인 상황이 법을 만들어 내는 것입니다. 이제 우리 지식인들이 이런 것들을 잘 만져서 정리하기 시작할 때, 이 악법도 모두 없어질 것입니다. 그래서 지식인들을 배출시킨 것입니다.

온 국민이 혼신을 다해 노력해서 배출해 놓은 것이 지식인들입니다. 이 지식인들이 이런 법을 손질해서 바르게 내주어야만 국민들이 불만하지 않는 사회가 이루어지는 것입니다. 우리 지식인들이 이런 작업을 하려고 노력하지 않고 키를 잘못 잡아서 가고 있기 때문에 이런 것들이 계속 이 사회에 생겨나는 것입니다. 그러니까 이 화살은 전부 다 지식인들에게 돌아가야 됩니다. 앞으로 지식인들이 이 화살을 맞게 되어 있습니다. 할 수 없습니다.

잘 보세요. 앞으로 가면 갈수록 지식인들이 자살을 많이 할 것입니다. 왜? 그들은 살기가 조금 어려우면 죽는 수밖에 없습니다. 일반 백성들은 살기 어려우면 더 열심히 일해서 살려고 합니다. 지식인은 살기 어려우면 구차하게 안 살고 죽어 버립니다. 이건 벌 받는 것입니다. 해야 될 일을 찾지 못하니까 살기가 어렵고, 그래서 못 견뎌 죽어야 되는 것입니다. 지식인은 누가 죽이는 것이 아니라 스스로 죽습니다.

앞으로 이런 것들을 많이 보게 될 것입니다. 지식인들이 빨리 깨어나야 됩니다. 지식인 한 사람을 배출시키기 위해서 국민들이 얼마나 희생했는지를 알아야 합니다. 지식인은 하는 일이 분명히 달라야 합니다. 지식인, 당신들이 지금 어떤 일을 하고 산다고 해도 그것은 해야 될 일을 하지 않고 살고 있는 것입니다. 그래서 사회가 무력해지고 그 무게가 다가오고, 그 때문에 살기 싫어 죽는 지식인이 엄청나게 많이 나오게 됩니다.

이것을 바로 잡아 주어야 하기 때문에 이 사람이 나온 것입니다. 이 사람이 그냥 나온 것이 아니고 지식인 당신들 때문에 나왔습니다. 당신들을 바르게 다스려 주면 국민의 숙원사업이 이루어지는 것이고, 당신들이 무너지면 국민의 숙원사업도 수포로 돌아가는 것입니다. 이것이 무엇인지 잘 생각해 보아야 합니다.

지식인이 나와서 바르게 잡아주기 전까지는 악법은 계속 생산되는 것입니다. 지식인들이 이 법을 하나라도 바르게 잡아서 이 세상을 열어갈 때 악법도 모두 없어지는 것입니다. 이것은 일반인들이 만질 수 없는 것이고, 지식인이 해야 할 몫입니다.

MY JUNGBUB NOTE

MONTH 1 2 3 4 5 6 7 8 9 10 11 12
DAY 1 2 3 4 5 6 7 8 9 10 11 12 13 14 15 16 17 18 19 20 21 22 23 24 25 26 27 28 29 30 31

— 지금 나의 환경 —

— 나의 정법 명언 —

— 느낌 + 생각 —

정법강의 59강 악법도 꼭 지켜야 하나요?

60-62
기업 총수 부인들의 내조와 사회참여는 어떻게 해야 하나요?

Q. 지금까지 기업총수 부인들은 주로 내조를 하거나 외부 활동을 하더라도 자선행사나 자사의 미술관 관장을 맡는 것이 보통이었습니다. 그러나 최근 창업 2~3세대를 중심으로 적극적인 경영 참여를 하고 있는데, 이러한 사회참여 방식이 바람직한 것인가요?

강의일자: 2011. 12. 11.

지금 여성들이 밖으로 많이 나오지요? 지금 사회참여하러 나오는 여성들은 대부분 지식인입니다. 그래서 진보지식인 여성들이 많이 나오고, 사회참여는 아니지만 무언가를 해 보려고 조심스레 밖으로 나오는 보수 여성들도 있습니다. 이렇듯 여성들이 사회로 나올 때는 맞습니다. 그런데 이 사람들이 나와서 무엇을 해야 되는지를 모르고 있습니다.

이 사람들은 2차 대전 이후에 태어나 성장한 정법시대 1세대입니다. 지금까지는 노동자도 정법시대를 살기 위해 성장을 했고, 지식인도 정법시대를 살기 위해 성장을 했고, 보수들도 정법시대를 살기 위해 성장을 했던 것입니다.

그런데 이들이 세상에 처음 등장을 했는데 어떻게 나와야 하는지 그 방법과 원리를 모르다 보니까 언제 나와서 무엇을 해야 하고 어떤 사람은 나와서 무엇을 해야 되는지에 대한 그림이 전혀 없었습니다. 그러다 보니까 지금 엉망진창이 되어가는 것처럼 보이는 것입니다. 그렇지만 우리나라 여성들은 잘 성장해 있고, 기업인과 지식인 그리고 노동자들도 잘 성장해 있습니다.

지금 이 사회는 켜켜이 다 성장해 있습니다. 지식을 갖출 사람은 지식을 갖추어서 1차적으로 할 일을 마쳤고, 경제인들은 경제를 갖추었기 때문에 1차적으로 할 일을 마쳤습니다. 그리고 노동자들도 고생하면서 이 나라를 이만큼 일으키는 데에 힘썼기 때문에 1차적인 할 일을 마친 것입니다.

그러면 여성들은 그동안 무엇을 하고 있었느냐? 여성들도 여성 나름인데, 집안에 있었어도 할 일이 있었습니다. 여기에도 부류가 있습니다. 부류 중 대충 몇 가지를 살펴봅시다.
집안에서 빨래를 하고 가사 일을 돌보며 아이를 키워야 할 부류가 있고, 지식을 갖추고 있어야 되는 부류가 있고, 내조를 해야 될 부류가 있습니다. 또한 조금 섭섭하겠지만 시장에서 생선을 팔아야 하는 부류도 있고, 오만 부류가 있습니다.

지금 질문한 사람은 이런 분들 중에서도 고등교육 이상을 받고 뒷배경과 경제도 어느 정도 갖춘 집안의 여성분인 것 같으니까 그 부류를 한번 살펴보겠습니다.
이분들이 CEO로서 직접 회사 경영을 해보겠다고 사회로 나오고 있습니다. 그런데 그것은 남자들도 할 수 있는 것입니다. 그래서 여성들이 그런 것을 하면 음양의 조화가 무너집니다.

지금 여성들이 나와서 사회참여하는 것들을 보면 모두 남자들이 할 수 있는 것을 하고 있습니다. 예를 들어 빵집을 남자가 할 수 있습니까, 없습니까? 백화점을 남자가 운영해도 됩니까, 안 됩니까? 식당을 남자가 운영해도 됩니까, 안 됩니까? 벤처기업을 차렸는데 그것을 남자가 해도 됩니까, 안 됩니까?
전부 다 남자가 할 수 있는 것들을 여자가 사회로 나와서 자리를 교환하자고 하는 것입니다. 이것이 엄청난 모순을 낳고 있습니다.

남자가 하는 것을 여자가 잘할 수 있느냐? 잘 못하게 되어 있습니다. 남자가 할 일은 남자가 해야 잘할 수 있고, 여자가 할 일은 여자가 해야 잘할 수 있는 것입니다. 지금 여성들이 사회에 나와 내 몫의 일을 하겠다며 그런 것을 운영하려고 하는데 지금은 조금 되는 것 같아 보이지만 나중에는 엉망진창이 됩니다.

왜 그러냐? 여성들이 성장할 때, 어떻게 성장했는가를 잘 보세요. 돈을 계산하며 성장하지 않았습니다. 지식을 배우고 갖출 때, 돈 거래하는 공부는 하지 않았습니다. 그리고 사람들을 만나서 뭔가를 운영하는 공부도 하지 않았습니다. 우리는 성장하면서 배운 것을 해야 합니다. 안 배운 것을 하면 안 된다는 것입니다.

여자들은 사람을 만나지 않았고, 돈 거래하고 돈 버는 것을 해 보지 않았고, 거의 다 해 보지 않았습니다. 그러면 "할 것이 없네요?"라고 할 수도 있습니다. 지금 하는 방법으로는 여성들이 할 것이 아무것도 없습니다.

그러면 여성들은 무엇을 해야 하느냐? 여성들은 무언가를 운영하는 사람이 아니라 대화를 할 수 있는 사람입니다. 여성들은 대화를 할 수 있는 육신을 가지고 나온 것입니다. 그런 여성이 지식까지 갖추면 대화를 잘할 수 있는 사람이 됩니다. 누구와 대화를 하면 꼼꼼히 듣고서 정리를 잘하고,

뭔가 허점虛點을 잡아내어 모자람을 채워주는 일을 잘할 수 있습니다. 그래서 여성은 사회에 일찍 등장하지 않았던 것입니다. 그러면 언제 등장하느냐? 여성은 CEO시대에 등장하지, 오너 시대에 등장하지 않습니다. 오너가 사장이 되어서 경제를 일으킬 때는 활동하지 않는 것이 여성입니다. 노동자들이 열심히 일을 해서 경제를 이루고 사회를 어느 정도 만들어 놓았을 때, 여성이 등장하는 것입니다. 그래서 여성상위시대女性上位時代라는 말이 나왔던 것입니다. 이 말이 나온 것이 15년 안팎이 되었습니다. 이 나라가 어느 정도 갖추어 여성들이 나올 때가 되었으니까, 여성들이 목소리를 내면서 사회참여를 하겠다고 나오는 것입니다.

그런데 사회참여를 어떻게 하고 있느냐? 공구를 들고 기술자가 되겠다든지, 또 별을 달고 장군이 되겠다든지, 장관을 하겠다고 하는데, 이런 것은 잘못하는 것입니다. 별을 단 장군을 남자가 해도 됩니까, 안 됩니까? 장관을 남자가 해도 됩니까, 안 됩니까?

남자가 하는 것을 여자가 해서는 큰 빛을 내지 못합니다. 물론 해도 되지만 그 자리

는 큰일을 해야 되는 자리인데 여자가 앉으면 큰일을 해내지 못한다는 것입니다. 하더라도 남자가 하는 것만큼은 할 것입니다. 그러나 잘 돌아가고 있는 것을 하려고 굳이 여자들이 사회로 나올 필요는 없는 것입니다. 가만히 놓아두어도 돌아가고, 다른 사람이 앉아 있어도 돌아갑니다.

지금 백화점 운영을 여자가 한다고 해서 확 달라지지 않습니다. 여자가 투입된다는 것은 지금 모자라는 곳에 투입시키는 것입니다. CEO가 새로 들어오면 회사가 확 달라져야 하듯, 여자가 들어와서 운영하면 뭔가 체제가 크게 바뀌어야 합니다.

여성들은 이때까지 우리가 이루어 놓은 것으로 뜻있고 보람 있고 존경받을 수 있는 일을 생산할 수 있도록 그 역할을 해 주어야 합니다. 이것이 음양입니다.

이루는 것은 무엇으로 이룹니까? 힘으로 이룹니다. 이것은 양의 일이고 남자들이 하는 것입니다. 노동자가 하고, 힘을 가진 사람들이 하는 것입니다. 그런데 이루고 나서 운용하는 것은 누가 해야 하느냐? 여자입니다. 운용의 지식을 가진 사람들은 음의 기운을 받는 것입니다. 기술을 갖는 것은 양의 기운이지만 지혜를 열기 위해서 갖추는 것은 음의 기운을 받는 것입니다. 그래서 일하는 모양이 다르다는 것입니다. 이런 분들은 연구 활동이나 내조를 할 수 있습니다.

내조도 집안에서 남편을 내조할 때가 있지만, 어느 시기가 되면 집안 내조를 끝내야 할 때가 옵니다. 이 말은 1세대가 경험한 것을 두고 하는 말입니다. 이 시기를 넘으면 나라 내조를 해야 합니다. 여성 지식인들이 나라 내조를 해 주지 않으면, 나라 일은 절대 풀리지 않습니다. 이것이 묘한 것입니다.

여성상위시대라는 말이 나왔던 것은 여성들이 나라 내조를 하러 사회로 나오기 시작한다는 것입니다. 내조는 바깥에서 설치는 것이 아닙니다. 내조는 말 그대로 '내(內)', 안의 일을 하는 것입니다. 그러면 안의 일이 무엇인가? 어떤 분야를 연구하고, 그 연구 결과로 새로운 패러다임이 나오면 그것을 가지고 실습을 해 보러도 가고, 현장에 가서 조사도 해 보고, 그 결과를 다시 정리해 보는 것을 말합니다. 이런 내조활동을 해야 한다는 것입니다.

나라의 성장을 한 집안으로 빗대어 설명해 보겠습니다. 집안에 30명 정도의 가족이 있다고 합시다. 30명이면 대가족이죠? 이 가족이 다 성장할 동안에 소외된 가족이 있겠습니까, 없겠습니까?
한 가정이 경제를 이루기 위해서는 열심히 노동을 하는 사람도 있고, 노동을 하다가 다치는 사람도 있고... 뭐 여러 가지 부류가 있습니다. 가족들의 이런 희생으로 집안이 성장하고 경제를 이루지만, 그 과정에서 소외된 사람들도 생기게 됩니다.

이렇게 1차적인 성장을 했을 때, 집안에서 소외된 부분을 살펴보는 것은 여성이 해야 합니다. 남자는 밖에서 일한다고 안의 일을 잘 모르지만, 여성들은 안의 것을 만질 수 있습니다. 그것은 집안일을 보면서 살았기 때문입니다. 그래서 정보가 항상 여성에게 들어가는 것입니다.

남자가 바깥에서 열심히 뛸 때는 TV를 볼 시간도 없고 신문을 볼 시간도 없습니다. 신문도 차 안에서 보거나 화장실에서 잠깐 보는 것이지 일하러 가서는 못 봅니다. 또 퇴근하면 사람들과 만나서 이야기해야 되고, 집에 들어오면 피곤해서 자야 되니까 못 보고... 그래서 새벽에 화장실에 앉아서 보는 것입니다. 이렇게 해서 정보를 얻기는 하지만 이렇게 얻는 정보는 많지 않습니다. 하지만 여성들은 시간이 많았습니다. 지금 질문하신 부류의 여성이라면 남자가 밖에서 경제를 일으킬 동안에 시간이 많았습니다. 남자가 그만한 경제를 벌어오기 때문에 집안일은 누구에게 돈 몇 푼만 주면 다 되고, 아이들은 유모에게 맡기면 되고, 내가 무엇인가 하려고만 하면 할 시간이 많았습니다. 그렇게 하면서 TV를 보아도 되고, 신문을 보아도 되고, 잡지를 보아도 되었습니다.

잡지 안에 사회 정보를 엄청나게 넣어서 주간지부터 월간지, 격주지까지 싹 나왔습니다. 이렇게 여성들에게 정보를 전부 다 먹인 것입니다. 사회에 있는 것을 여성들이 다 알게 해 주었습니다.

그런데 기초 공부가 없다 보니 여성들이 무엇을 하고 있어야 되는 시간인지를 모르고 퍼져 놀아버린 것입니다. 그러다보니 항상 '우리도 무엇을 좀 해야 할 것인데...'라는 생각이 들었던 것입니다. 그래서 그림을 그린다든지 수영을 한다든지 에어로빅을 한다든지 아니면 꽃꽂이를 배운다든지 하면서 오만 취미 활동을 하고 있었습니다. 아주 오만 것을 다 하면서 여가를 즐긴다며 놀았던 것입니다.

세상이 아직 건설도 되지 않았는데, 여가를 즐길 시간이 어디 있습니까? 뭘 몰랐던 것입니다. 나중에는 "골프를 치러 갈까?" 하며 골프 칠 생각이나 하고... 골프 칠 여가가 어디 있다는 말입니까? 그렇게 놀다 보니까 자신이 갖추어야 할 것은 하나도 갖추지 못했던 것입니다. 그러니까 사회가 어떻게 돌아가는지를 몰라 여기에서 딱 막힌 것입니다.

여성상위시대의 '상위上位'는 위의 일을 한다는 뜻으로, 여성상위시대가 되어 여성들이 사회로 쏟아져 나와 위의 일을 하려고 자리와 일을 달라고 했던 것입니다. 그런데 그것을 맡겨 놓으면 큰일날 여성들이 사회로 나온 것입니다. 왜냐? 공부를 하지 않았기 때문입니다.

지금 사회에서 엔지니어로 일하는 사람들은 그 분야의 공부를 했기 때문에 그런 일을 할 수 있는 것입니다. 그것은 노동 중에서 위의 일이기는 하지만, 마님 같은 분들이 할 일은 아닙니다. 마님 같은 분들은 '나라의 어머니'가 될 분들입니다. 이 나라가 성장하고 남편이 밖에서 크게 경제를 이룰 동안, 나라의 어머니가 될 준비를 하고 있었어야 합니다. 이분들이 지적인 여성입니다.

여성상위시대에서의 여성은 지적인 여성들을 이야기하는 것이지, 모든 여성을 이야기하는 것이 아닙니다. 지적인 여성들이란 지적인 일을 해야 될 여성들을 이야기하는 것입니다. 이분들은 어느 정도 배운 분들입니다. 살다 보니 집안 살림이 쪼들려서 돈 벌러 나온 여성들을 이야기하는 것이 아닙니다. 그 부류는 노동자에 들어갑니다.

이런 엘리트 여성들이 사회로 나와서 일을 할 때가 되었습니다. 그런데 갖춤이 무엇인지 그 기초를 모르고 공부를 하지 않다 보니까 나와서 세상을 모르는 것입니다. 이때쯤 되면 경제를 다 갖추어 놓았으니, 경제를 쓸 궁리만 합니다. 경제가 없을 때는 경제가 쌓이는 재미로 살았는데, 경제를 다 갖추어 놓으니까 돈을 들여서 뭔가를 할 생각만 합니다. 지금은 여자들이 돈을 쓰는 시대가 열린 것입니다. 남자는 경제를 이루었고, 여자는 그 경제를 쓰려고 사회로 나오는 시대입니다.

재미있는 예를 한번 들어 보겠습니다. 지금 여성들이 사회에 나와서 무언가 일을 해야 되겠는데 그런 일을 찾아 보니 돈을 들여서 할 일만 자꾸 자문諮問 받게 됩니다.

그러다 보니까 얼마를 들여서 뭐를 해야 되겠다는 생각이 드는 것입니다. 사회를 모르니까 자문을 받아도 그런 자문만 받는 것입니다. 자문을 받은 대로 하려면 돈이 있어야 하는데, 남편이 돈을 딱 쥐고 안 주는 것입니다. 그러니까 삐치게 되고 그러다 하고자 하는 욕구가 너무 강하면 이혼을 하게 됩니다.

왜 그렇게 되느냐? 나도 사회에 나가서 진짜로 일을 하고 싶은 것입니다. 안에서 그냥 개목걸이 차고 방구들 마담은 하기 싫고 뭔가 활동을 하기는 해야 되겠고 또 자문을 받아 뭔가 할 것이 나왔는데, 남편이 돈 들어간다고 못하게 하는 것입니다. 그러니 그 일을 할 수 있는 방법이 딱 하나밖에 없는 것입니다. 그래서 이혼을 하는 것입니다. 이혼을 하면 재산을 나눌 수 있습니다. 30%든 50%든 나누게 됩니다. 그 돈만 있으면 할 수 있기 때문에 헤어지려고 하는 것입니다. 심하면 그렇게까지 한다는 것입니다.

그런 식으로라도 뭔가를 하려고 가정을 깨는 일까지 생기는 것입니다. 지금 여자들이 헤어지는 방법을 선택하는 것은 내 주권을 가지지 못하고 있기 때문입니다. 이제는 경제를 다 이루어 놓아 뭔가를 하려고 하는데, 남편이 뒤를 받쳐 주지 않고 돈을 딱 쥐고 있으니까 헤어지자고 하는 것입니다.

그런데 그렇게 위자료를 받아서 무언가를 하면, 정확하게 깡통을 차게 됩니다. 사회에 나와 누가 조언해 주는 대로 돈을 들여서 하면, 정확하게 깡통을 찹니다. 기업인의 자제나 부인도 사회에 나와서 그런 식으로 하면 분명히 실패합니다. 워낙 경제가 많아서 실패해도 다시 채워 주니까 표가 안 나는 것이지, 계속 실패해 가며 하는 것입니다. 거기에서 내가 쓴 경제보다 수익을 더 많이 창출해 내지 못합니다.

투자를 하고도 계속 돈이 들어가게 됩니다. 처음에는 자꾸 돈이 들어갈 때 돈을 대 주었으니 가서 이야기만 하면 되었습니다. 그런데 나중에 수입이 들어와 돈 계산을 따질 때는 전혀 다른 것입니다. 그런 공부는 안 해놓고 쓰는 것만 할 줄 알기 때문에 들어온 돈을 가지고 결산해야 될 때 계산 착오가 생기는 것입니다. 이렇게 되면 투자한 돈을 못 거두어들이기 때문에 남편의 눈치만 살살 보게 됩니다. 그런 식의 일들이 계속 일어나고 있는 것입니다.

그런데 어느 정도 이렇게 하다가 운영 체계

가 바르게 잡힐 때가 되면, 여자들은 그 일이 재미가 없어집니다. 돈 쓰면서 일을 벌리는 것은 좋은데, 수습이 안 되는 것입니다. 이것이 여자들의 약점입니다.

여자들은 그런 사업을 하면 안 됩니다. 그러면 어떤 사업을 해야 하느냐? 사람들에게 이로운 사업을 해야 합니다. 장사를 하면 안 되고, 사람들을 이롭게 하는 사업을 해야 합니다. 그런 사업을 하면 잘합니다.

이런 사업은 어떤 사업이냐? 정확하게 이야기를 하면 복지사업입니다. 복지사업이란 어렵고 소외받은 곳을 살피는 것입니다. 이 나라가 이만큼 일어날 동안에 소외된 곳이 너무 많습니다. 이것을 바르게 잡고 소외된 자들이 바르게 살 수 있는 길을 열어 주기 위해서 복지사업을 하는 것입니다. 이런 복지사업을 하면, 뜻있고 보람 있는 일을 하는 것입니다.

인류는 곧 복지 딜레마에 빠지게 됩니다. 왜? 복지사업이 나오지 않았기 때문입니다. 물론 지금도 우리가 복지사업을 한다고는 하는데, 진정한 복지사업은 아직 시작도 하지 않았습니다. 봉사활동은 시작을 했지만 그것도 바르게 하지 못하고 있습니다.

복지사업은 이 나라에서도 시작하지 않았고 국제사회에서도 시작하지 않았습니다. 그러다 보니 복지수급자들이 엄청나게 늘어나는 것입니다. 복지수급자를 책임지고 때도 닦아주고 관리하는 관리 사업은 시작했어도, 아직 복지사업은 시작하지 않았다는 것입니다. 수급자들을 관리하는 사업을 하고는 있는데, 정확하게 말하면 이것은 일하는 것이지 복지사업이 아닙니다.

국제사회가 지금 복지사업의 패러다임을 찾고 있습니다. 여성상위시대에 대한민국의 여성 지식인들이 이 사업을 하면, 정확하게 성공합니다. 이 사업을 할 때, 지식인 여성들은 복지에 대한 연구를 해야 합니다. 그들이 연구를 하면 굉장히 우수하게 이루어낼 수 있습니다. 대기업의 마님들은 뒤에서 힘으로 받쳐 주고 엘리트 여성들은 모여서 뜻있는 일을 하면 됩니다. 그러면 마님들은 대모大母가 되는 것입니다.

대모인 큰 마님들이 엘리트 여성들이 연구를 하는 데에 뒷받침을 해 주면 죽이 딱 맞습니다. 찰떡궁합입니다. 마님들이 엘리트들을 좋아하겠습니까, 노동자들을 좋아하겠습니까? 당연히 엘리트들입니다. 이렇게 되면 딱 맞는 것입니다.

그래서 대모님들은 총수 자리에 앉게 해 드리고, 엘리트 여성들은 안에서 연구를 하여 사회가 잘못되는 것을 바르게 잡아 줄 패러다임을 창출해야 합니다. 이런 신 패러다임을 사회 구석구석에 내주기 시작하면, 기가 찬 사업이 됩니다. 이 콘텐츠가 나오면 지적 재산이 되는 것입니다. 그리고 새로운 콘텐츠를 소외받은 곳에 써서 이 사회가 좋아지기 시작하면 임상 실험이 끝나는 것입니다.

지금 우리나라가 흐트러지고 잘못되어 있는 이유가 분명히 있습니다. 이것을 해결하는 방법을 이 나라에서 찾게 하려는 것입니다. 그래서 임상 실험을 할 수 있는 무대를 이 나라에 만들어 놓은 것입니다.

우리 국민에게 이 백신을 쓰면, 소외받고 그늘진 곳에 좋은 일이 생기게 되고 그렇게 되면 삶의 희망이 보이기 시작하게 됩니다. 이렇게 임상 실험이 끝나면 이 백신은 국제 사회에 엄청나게 비싼 가격으로 팔리게 됩니다. 그러면 이 백신을 구하려고 이 나라로 들어오게 되어 있습니다. 이 백신은 선진국에서 필요한 것입니다. 바로 이 백신을 만드는 연구를 우리 엘리트 여성들이 해야 합니다.

그늘지고 소외된 곳의 백성들에게 삶의 패턴을 바꾸어 주어서 그들의 사는 모양이 좋아지고 희망이 생기는 것을 보게 되면, 엘리트 여성분들이 기쁠 것 같습니까, 슬플 것 같습니까? 엘리트 여성들은 인정이 많은 사람들이고 마음이 여린 사람들입니다.

그래서 불쌍한 것을 보면 어떻게 하지 못해 안타까워합니다. 이 사람들은 곱게 자랐기 때문에 불쌍한 것을 보면 돕고 싶어 하는 DNA가 기본적으로 형성되어 있습니다. 그래서 이 사람들이 해야만 하는 일이 바로 이 복지사업입니다.

지금 우리 여성들이 해야 할 이 분야가 빠져 있기 때문에, 복지 문제가 해결되지 않는 것입니다. 우리가 이 백신을 찾아내어 임상 실험에 성공하면, 복지 패러다임을 배우기 위해 각국에서 들어온 사람들로 이 나라는 인산인해를 이룰 것입니다. 지금은 이 나라에 관광을 오지만, 이 나라는 놀러 오는 곳이 아닙니다. 앞으로는 배우러 오는 관광이 되도록 환경을 만들어 놓아야 합니다.

그렇다면 무엇을 배우러 오느냐? 복지사회

를 이루려면 신 패러다임을 배워야 합니다. 복지시설에서 하는 것이 서양과 다르면 배우러 옵니다. 이 나라에서 복지사업이 잘 되고 있다고 국제적으로 소문이 나면, 그것을 배우기 위해 이 나라를 방문합니다. 한 군데가 아니고 수백 군데, 수천 군데가 그렇게 일어나면, 그곳을 방문하러 많은 사람들이 오게 됩니다. 외국인들이 방문은 기가 차게 합니다. 영화를 찍어서 내보내니까 촬영 장소를 보려고 우리나라를 찾아오지 않습니까? 그 정도로 엄청나게 몰려옵니다.

이 관광 수익은 얻고자 해서 얻어지는 것이 아닙니다. 우리가 복지사업에 성공하면 그 사람들을 가르칠 수 있게 되고, 그들이 이 나라에 직접 와서 배우게 되면 관광 수익은 저절로 일어나게 됩니다. 이것이 교육 관광입니다.

선진국에서 교육 관광을 와야 큰 수익을 볼 수 있는 것이지, 후진국에서 슬리퍼를 신고 관광하러 오면 돈이 안 됩니다. 똥 싸고 오줌 싸고 가면, 버는 돈보다 치우는 비용이 더 듭니다.

이제 선진국은 복지 딜레마에 빠지게 됩니다. 그러나 후진국은 아직까지 복지 딜레마가 나올 때가 아닙니다. 선진국에서 복지사업을 배우러 오는 사람들은 엘리트들입니다. 교육 관광을 오면, 세미나를 열고 토론도 하게 해야 합니다. 모두 고급 관광을 하러 들어옵니다.

그렇게 하려면 이런 패러다임을 꺼내어 많은 사람들을 대상으로 임상 실험을 해 보아야 합니다. 국제사회가 이 나라에 복지 신 패러다임을 배우러 들어오면, 여성 CEO와 지도자들이 이런 것을 배우고 정리하여 가르쳐야 합니다. 여성들이 이러한 교육 사업을 하고, 교육을 담당해야 합니다. 그렇게 하려면 말을 잘해야 합니다.

남자는 구조적으로 말을 잘 못합니다. 말을 좀 많이 하면 입이 아파서 안 됩니다. 그런데 여자는 나이가 들면 들수록 양기가 입으로 올라와 말을 잘합니다.

그래서 여자들은 가르치는 교육 사업을 해야 합니다. 교육 사업이라고 하니까 학교에 가서 하는 것으로 아는데, 그것이 아닙니다. 아주 기가 차고 즐거운 일을 하는 교육 사업을 말하는 것입니다.

인류가 복지 패러다임이 없어서 어려워할 때, 새로운 복지 패러다임을 찾아내어 인류에 가르치면 얼마나 즐겁고 기쁘겠습니까? 이런 일을 여자들이 해야 되는 것입니다. 이것이 여성들의 복지사업입니다. 복지신 패러다임은 이 사람이 다시 다 풀어 주고 모두 정리해 줄 것입니다. 이 사람이 복지사업을 100% 성공하게 해 줄 것이니, 여성들이 돈을 벌려고 하지 않아도 돈은 저절로 오게 되어 있습니다.

여성은 돈을 욕심내면 안 됩니다. 여성은 어머니입니다. 대모들이 돈을 욕심내면 되겠습니까? 생긴 모습하고도 맞지 않습니다. 예쁜 사람이 왜 돈을 욕심냅니까? 여성들은 욕심을 내는 것이 아니라 덕德으로 살아야 합니다. 그래서 신들의 이름을 붙일 때, 베푸는 신은 여성으로 만들어 놓은 것입니다. 관세음보살이 아닙니까? 그래서 어머니들을 보살상이라고 하는 것입니다. 관세음보살은 헐벗은 사람에게 옷을 주고 굶는 사람에게 밥을 주고 아픈 사람을 아프지 않게 해 주어야 되죠? 그런데 어려운 사람들에게 밥을 주기만 하여 그들을 얻어먹는 사람으로 만들면 되겠습니까? 그렇게 하는 것이 관세음보살이고 성모인가요? 이렇게 하는 것은 낮은 단계의 돕는 방법입니다.

성스러운 어머니가 성모입니다. 우리 민족은 모두 성스러운 사람으로 인류의 어머니입니다. 어머니가 성모聖母면 아버지는 성부聖父죠? 우리 국민이 거룩한 일을 하면 인류에 성스러운 자가 됩니다.

그러면 앞으로 세상을 바르게 이끌 정법시대의 성부와 성모는 과연 무엇을 해야 하느냐? 믿는 사람들이 비굴하지 않도록 밥을 주고, 옷을 주어야 합니다. 하는 일 없이 옷을 받아 입으면, 비굴한 인간이 됩니다. 할 일을 못하고 먹을 것을 계속 얻어먹거나 필요한 것을 계속 얻어 쓰면, 비굴한 사람이 되고 미천한 사람이 된다는 것입니다. 그렇게 하면 우리가 그들을 더 소외시키는 것이 됩니다. 소외받은 자를 더 소외시킨다면 그들을 도운 것이 됩니까? 우리는 이런 분별을 바르게 해야 합니다. 지식인들이 연구를 한다면, 연구하는 것이 달라야 합니다. 무식한 사람들이 생각했던 패러다임과 지식인들이 만든 패러다임은 달라야 한다는 말입니다.

다리를 다쳐 불구가 된 사람에게 휠체어를 주면 감사해 합니다. 그런데 휠체어만 있으면 됩니까? 나중에 다른 것도 주니까 또 감사해 합니다. 이렇게 계속 감사만 하다가는 지옥에 간다는 말입니다. 휠체어를 계속 사 주는 사람은 돈이 많은 사람이지 않습니까? 돈이 있어서 휠체어를 사 주는 사람은 계속 좋은 일만 하는 것입니다. 그렇다면 돈이 있는 사람은 좋은 일만 하고, 얻어먹는 사람은 어떻게 됩니까? 계속 얻어먹는 사람은 좋은 일을 하는 것입니까? 그러면 그 사람은 좋은 일을 안 하니까 지옥 가야 되는 것이죠?

좋은 일을 하지 않으면 천당에 못 갑니다. 반면에 돈 있고 안 다치게 해 준 사람은 전부 다 천당 갑니다. 이렇게 되면 복지수급자들이 그 사람들이 천당에 갈 수 있도록 발판 역할을 해 주는 꼴이 됩니다. 어떻게 복지수급자들이 있음으로 해서 돈이 있는 사람이 천당에 갈 수 있다는 말입니까? 그렇다면 복지수급자들이 없으면 천당에 갈 수가 없다는 말이 되는 것입니다. 복지수급자들은 좋은 일을 안 했으니 천당을 못 가는 것 아닙니까?

하느님 말에 의하면, 좋은 일을 많이 하면 천당에 간다고 합니다. 그러면 계속 주는 사람은 착한 사람이니까 하느님이 천당에 데리고 가고, 불구자가 되어 도움을 받는 사람은 천당에 못 데리고 가는 것 아닙니까? 뭔가 잣대를 대도 한참 잘못 대고 있는 것입니다.

이때까지는 그렇게 무식한 시대를 살아왔지만, 이제는 지혜를 열어 세상을 바르게 보아야 합니다. 이 세상에서 고생하지 않은 자는 단 한 명도 없습니다. 자기 역할을 하지 않은 자가 없다는 말입니다. 그래서 모두 평등하기에, 평등한 사회를 만들어야 하는 것입니다. 평등한 사회를 만드는 것, 이것이 복지사회를 이루는 조건입니다. 이 조건에 대해 자세히 알아보면, 불구자도 할 일을 찾아서 하라는 것입니다. 이 세상에 살아 있을 때는 분명히 존재하는 이유가 있습니다. 소외받는 자들이 소외받고 있을 때는 이유가 있다는 것입니다. 당신들만이 할 수 있는 일이 이 세상에 분명히 존재합니다.

내가 지금 이 세상에 살아 있다면 할 일이 있어서 살아 있는 것이지, 할 일이 없다면 살아 있을 필요가 없습니다. 우리는 이 세상에 필요한 존재이기 때문에 지금 이 시대를 살고 있는 것입니다.

분명히 밥을 먹기 위해서 사는 것이 아닌데, 이 답을 찾지 못했기 때문에 답답한 것입니다. 그러하듯이 불구자와 복지수급자, 노인 시설에 있는 외로운 노인들도 마찬가지입니다. 이분들도 분명히 해야 할 중요한 일이 있습니다. 이 일을 하지 못하면 이 사회가 도저히 바르게 돌아갈 수가 없습니다.

예를 들어 교통사고가 났든, 공장에서 일을 하다 사고가 났든, 가스가 폭발했든, 한쪽 다리가 절단된 사람이 있습니다. 그러면 이 수급자를 돕겠다고 사람들이 봉사를 하러 갑니다. 그런데 봉사하러 갔다 와서 그 사람을 돕고 왔다고 합니다. 그러나 그렇게 그곳에 몇 년을 가게 되면, 정확하게 본인이나 가족이 그런 사고를 당해서 가슴 찢어지는 일이 분명히 일어난다는 사실입니다.

지금 장애자라면, 왜 장애자가 되었는지 깨달을 수 있는 교육을 시켜 주어야 합니다. 그래서 장애자가 '내가 왜 이렇게 다치게 되었는가?', '지금 내가 무엇을 해야 하는가?' 이런 것을 깨달아서 봉사하겠다고 그곳을 찾아 오는 사람들이 자신처럼 다치지 않게 해 주어야 합니다. 자신은 비록 장애자가 되어 세상에 큰일을 못 해내고 있지만, 남은 국민들이 더 이상 자신과 같이 다치지 않도록 해 주어야 한다는 것입니다. 이것을 막을 수 있는 힘은 이 사람들만이 가지고 있습니다. 왜냐하면 직접 그 일을 겪은 당사자들이기 때문입니다. 자신이 깨우친 것을 봉사자들에게 이야기해 주어서 그들은 자신처럼 다치지 않게 해 주어야 합니다.

그럼 또 다른 예를 들어 봅시다. 노인요양시설에 가면 노인들이 있습니다. 이 시설에 있는 노인들에게 봉사자들이 찾아옵니다. 제일 많이 찾아오는 사람이 며느리이고 자식입니다. 그런데 이 사람들은 모두 조금 있으면 시설에 있는 노인들처럼 이곳에 오게 될 사람들입니다. 시설에 찾아오는 사람은 40대이거나 50대입니다. 20대가 아닙니다. 이 사람들은 이 전철을 밟으러 오는 것입니다. 이곳에 자주 들락거리면서도 여기에 온 이유를 깨우치지 못하면 정확하게 그 전철을 밟게 됩니다. 나이가 들면 정확하게 이런 시설에 오게 되고 외롭게 살아야 합니다. 그 길이 지금 열려 있기 때문에 오는 것입니다.

시설에 있는 노인은 여기에 찾아오는 사람들을 다 내 자식이라고 여겨야 합니다. 자식들이 찾아와서 수발을 잘 들 때, 조근조근 말할 수 있는 기회가 생기게 됩니다. 그러면 "나는 비록 이렇게 되었지만 너희는 나처럼 되면 안 된다. 내가 하는 모든 것이 옳은 줄 알고 했는데, 그것이 얼마나 큰 착오였는지를 알았다. 그래서 앞앞이 말 못하고 구석구석 눈물 흘리고 있단다. 너희는 절대 나처럼 되지 마라. 비록 못나게 살아온 인생이지만, 너희가 나처럼 되지 않게 내가 너희들의 거름이 되어 줄 수 있도록 하느님께 기도 드리고 있단다." 이런 말을 자식들의 가슴에 팍팍 꽂히게 해 주어야 합니다.

자칫하면 그들의 전철을 밟을 뻔했던 사람들이 그 가르침을 통해 깨우치고 왔다면 그것을 모면할 수 있게 되고 절대로 그 전철을 밟지 않게 됩니다.

우리는 세상에 널리 필요한 사람이 될 수 있도록 항상 준비하고 공부해야 합니다. "나는 자식을 키운다고 세월을 보내고 자식이 올 때만 기다리다 보니까 세상에 필요한 사람이 되지 못했다. 너희는 지금부터 노력하고 공부해라. 사회를 바르게 보고 즐거운 일을 찾아서 하면 나처럼 되지 않을 것이다. 내가 할 수 있는 일거리가 없으니까 이렇게 되더라." 이런 말을 자식을 위해 해 줄 수 있어야 합니다.

나이가 드는 것은 불행한 것이 아닙니다. 나이가 들어가면서 일거리가 없어지는 것이 불행한 것입니다. 그리고 이 불행은 스스로 자초한 것입니다. 나이가 들어 일거리가 없는 것에도 단계가 있습니다. 지적인 사람일수록 할 수 있는 일이 많지 않습니다. 나이가 들어서 연륜이 쌓이면, 질이 높은 일을 해야 되는데, 그런 일을 하지 못하니까 뒤쳐져 버리는 것입니다. 그래서 소외 받는 자리에 가게 되고, 할 일이 없으니까 외롭게 되어서 결국에는 지옥을 맞이하게 되는 것입니다.

나이가 들수록 할 일이 있어야 하고, 지적인 일을 해야 합니다. 지적인 일을 하는 것은 자손들에게 말 한마디라도 바르게 해 주고, 갈 길을 바르게 가르쳐 주는 것입니다. "연륜이 있는 사람이 가르쳐 주는 대로 하면 되더라."라는 소리를 들어야 합니다. 이런 일은 자신을 갖추지 않으면 절대 할 수 없습니다. 누가 해 준다고 되는 것이 아닙니다.

노인들은 지금이라도 왜 이렇게 어려워졌는가를 깨우쳐야 합니다. 시설에 들어가서도 깨우쳐야 합니다. 깨우치면 나를 찾아오는 사람에게 그런 이야기를 해 줄 수 있고 또 이야기를 잘하면, 여성 단체에서 강의를 좀 해달라고 모시러 옵니다. 손을 잡고 강의하러 가자고 부탁을 합니다. 그렇게 되면 요양 시설에서 한 발자국 나가는 것이 됩니다. 깨우친 것을 다른 사람에게 가르쳐 주니, 이제 사회에 필요한 사람이 되는 것입니다. 그러면, 내가 밥을 얻어먹는 사람입니까? 그때부터는 대접받는 사람이 됩니다. 그리고 용돈으로 쓰라고 강의비를 줍니다. 그러면 내가 돈을 버는 것이 됩니다.

돈을 벌려고 한 것이 아니라 상대를 위해서 뭔가를 했을 뿐인데, 쓸 돈도 주어지는 것입니다. 맛있는 것도 덤으로 줍니다. 모인 사람들을 진짜 사랑하는 자식들로 여기고 강의를 하니, 그 강의가 너무 마음에 와 닿아서 이분이 널리 필요하게 됩니다. 그러면 이분이 아직도 외로운 사람입니까? 그때부터 찾아오는 사람들이 많아지기 시작합니다. 연세 드신 분이 하시는 말씀을 깊이 새겨 듣고 그러한 에너지를 먹게 됩니다. 그러면 다시 소생해서, 힘을 쓸 수 있게 되어 어려워지지 않게 됩니다. 이것이 어른이 해야 할 일입니다. 이런 일들을 못했기 때문에 나이가 들어서 필요 없는 사람이 되어버린 것입니다.

여성들이 이런 것들을 연구해야 합니다. 복지사업을 하라는 것은 이런 패러다임을 찾아내라는 것입니다. 이제부터 이 사람이 조금만 가르쳐 주어도 그 방법을 찾아낼 수 있습니다. 키만 딱 잡으면 엄청난 패러다임이 나오게 됩니다.

이런 것을 정리하여 교육용 콘텐츠를 만들어 내고, 사회에 필요한 패러다임을 만들어 내야 합니다. 그리고 각 구청에도 넣어 주고 나라와 기업에도 넣어 주는 작업을 해야 합니다. 그러면 이 패러다임이 날개 돋친 듯이 퍼져 나가게 되고 그것을 만든 우리도 필요하게 되어 그곳의 지도자들을 교육하는 일을 하게 됩니다.

그러면 여성 CEO사업이 기가 차게 일어나게 되고, 복지사업이 곳곳에서 엄청나게 일어나게 됩니다. 이것이 서비스 사업입니다. 금융사업이 서비스 사업이 아닙니다. 금융사업은 서양에서 많이 하라고 하십시오.

우리는 돈 계산을 하지 않아도 됩니다. 인류에 필요한 사람들이 되면, 돈은 우리가 계산하지 않아도 은행에서 맡겨 달라고 찾아옵니다. 그러면 엄청난 경제가 들어오게 됩니다. 앞으로 이런 교육사업이 일어납니다. 이런 교육사업을 엘리트 여성들이 큰 마님들을 모시고 해내야 합니다.

지금 남자들이 기업을 크게 일으켰는데 존경을 받지 못하고 있습니다. 기업을 크게 일으켜 성장을 다하면 기업총수는 나라의 아버지가 됩니다. 그런데 이분들이 존경받지 못하고 국민들과 멀어지게 된 것은 어머니가 나서지 않기 때문입니다.
아버지는 1차적으로 해야 할 일을 다 해놓았는데, 어머니가 자기 역할을 하지 않고 있으니까 국민들과 멀어지는 것입니다. 아버지는 재산만 가지고 옆에 떡 하니 앉아 있을 뿐이지, 어머니가 해야 할 분야에는 손을 뻗치지 못합니다. 그러면 어머니가 중간에 나와서 뭔가 돌아가게 해 주어야 하는 것입니다. 대기업 총수 사모님들은 이 나라의 어머니가 되어야 할 사람들인데, 지금 백화점이나 운영하고 그림을 사서 걸고 삐딱구두 신고 비행기를 타고 해외여행을 다니고 있습니다. 당신 자식들이 저렇게 어려워서 힘을 못 쓰고, 소외받고, 힘들어 하고 있는데 말입니다. 그러면 다 입니까?

백성이 당신들의 자식임을 알아야 합니다. 나라가 이만큼 일어났고 기업이 이만큼 성장했지만, 아직도 그 안에는 소외받은 자들이 많다는 것을 알아야 합니다. 그들이 즐겁게 살 수 있는 연구를 해야 합니다. 그래서 복지사업 연구 재단을 열고 이런 연구 활동을 할 수 있도록 엘리트 여성들을 전부 다 모아서 그들을 뒷바라지하며 큰 마님으로서, 총수 부인으로서 나라의 어머니 역할을 하면 국민들이 존경할 것입니다. 이렇게 되면 경제는 남자들이 버는 것보다 엄청나게 더 벌 수 있습니다. 모두 성공한다는 것입니다. 그리하여 백성들의 존경을 받게 되어 큰 마님이 되는 것입니다.

지금 여성들이 해야 될 진짜 사업이 무엇인지를 모르고 있습니다. 이분들이 나서서 국민들로부터 사랑과 존경을 받으면, 아버지는 저절로 존경받게 됩니다. 그런데 지금 자신들이 누구인지를 모르고 있습니다. 이 나라의 아버지이고 이 나라의 어머니로서, 지금은 진정 뜻있고 보람 있는 일을 해야 될 때입니다. 어른들은 이런 일들을 어떻게 해야 될지 모르고 있으니까, 우리 엘리트 지식인들이 이런 것을 잘 설계해서 그분들이 국민들로부터 존경받을 수 있게 하고 엄청난 경제 성장을 이루는 2차 도약을 해야 합니다. 2차 도약기에는 존경받는 회장님들이 되어야 합니다. 이렇게 크게 일으키는 설계를 해서 받쳐 주면 왜 싫어하겠습니까?

우리 지식인들은 돈을 벌려고 하지 말고 이 사회에 무엇을 할 것인가를 생각해야 합니다. 이것이 국민에게 보답하는 것이고, 인류에 보답하는 것입니다. '이 사회를 위해, 내가 무엇을 할 것인가? 이 사회에서 진정 나를 필요로 하는 곳이 없는가?' 이런 것을 살피기 시작하고, 그런 일을 하는 데에 혼신을 다해야 합니다. 그래서 그런 일을 할 수 있는 여건만 된다면, 돈은 생각하지 말아야 합니다. 내가 뜻있는 일을 하면 필요한 것은 다 대 줍니다. 그런데 돈을 벌고자 한다면, 돈을 줄 사람은 아무도 없습니다.

돈 벌려고 조건을 걸고 들어가면, 일의 양을 받고자 하는 돈보다 최소 10배는 더 얹어 줍니다. 무겁다는 것입니다. 돈을 받을 때 당장은 좋을 것 같지만 이 일을 처리하지 못하면, 힘들게 한다는 것도 알아야 합니다. 지식인들은 이 힘에 못 견딥니다. 결국은 돈의 노예가 되어 패가망신하게 됩니다.

지식을 갖춘 자들이 어디에 속박되어 돈의 노예가 된다면 뭔가 한참 잘못된 것입니다. 이 나라가 지금 이렇게 돌아가서는 안 됩니다. 지식인들은 돈을 벌려 하지 말고 할 일을 찾아야 합니다. 할 일을 하면 필요한 돈은 얼마든지 쓸 수 있게끔 모두 뒷받침해 줍니다. 이것이 대자연의 법칙입니다.

MY JUNGBUB NOTE

MONTH 1 2 3 4 5 6 7 8 9 10 11 12
DAY 1 2 3 4 5 6 7 8 9 10 11 12 13 14 15 16 17 18 19 20 21 22 23 24 25 26 27 28 29 30 31

──────────── 지금 나의 환경 ────────────

──────────── 나의 정법 명언 ────────────

──────────── 느낌 + 생각 ────────────

정법강의 60-62강 기업 총수 부인들의 내조와 사회참여는 어떻게 해야 하나요?

NOTE

NOTE

NOTE

NOTE